ない体をつくる!

魔法のリンパダイエット

ボディメンテナンスセラピスト
久 優子
YUKO HISASHI

宝島社

はじめに

コロナ禍で気づいた健康の大切さ、そしていつまでも美しくいるために

２０２０年、世界中へと感染が広がっている新型コロナウイルス。
コロナウイルス感染拡大はパンデミックとなり、
それに伴って私たちの仕事はもちろん、
暮らしや健康に対する意識もガラリと変わりました。

毎日なにげなくしていたことが制限され、
ステイホームやリモートワーク、
オンラインミーティングなど働き方も変わりました。
でも、悪いことばかりではありません。
ステイホームにより〝おうち時間〟が増えたことはよい変化でもあり、
新しい習慣を身につけるきっかけになったと私は思います。
特に〝おうちごはん〟が増え、自炊をする人が増えたこと、

そして美容へはもちろん、健康への意識が高まり、
〝おうちトレーニング〟をする人が増えたこともとてもよい変化だと思います。

また、その反面、ステイホームにより、
リモートワークで通勤をしなくなったことで歩かなくなり、
生活リズムが変わったことで、体重が増加……
〝コロナ太り〟した人も多いようです。

実際に私のお客様も〝コロナ太り〟した人が多く、
自粛期間中に15kgオーバーという人もいるほどです。

そこで、25年ほど前にダイエットに成功した経験、
さまざまな分野で研究を重ね確立した独自のメンテナンスメソッドに
「断食《だんじき》ファスティング」をドッキングさせた新しいメソッドが誕生しました。
私はすべての人たちに「メンテナンス」が必要だと思っています。
なぜなら、どんなに気をつけても、日々の生活で身体は「歪《ゆが》み」ますし、
生活習慣や食生活の乱れによって、身体の中は「酸化」し「サビ」てしまうからです。

ですから、今回紹介する「メソッド」は
インサイド・メンテナンス
「断食　ファスティング」＝内臓のリセット
と、
ボディ・メンテナンス
「関節をまわす」＝排泄《はいせつ》・デトックス・関節や筋肉ケア

を主としました。

「関節まわし」は毎日の習慣に、
「断食　ファスティング」は3ヶ月もしくは半年に1回、
1年に1回行うようにしてみてください。
そうすることで自分の身体と向き合い、
自分の身体を知り、コントロールできるように必ずなります。

これからは、自分の身体は自分で守って行かなければいけない時代。
新型コロナウイルスにより、健康への意識が高まった
今だからこそ、気づくことができた真の健康の大切さ。
いつまでも美しく健康で、楽しく生きるために原点に戻り、
「メンテナンス」の重要性や大切さを感じていただければと思います。

こんな悩み、抱えていませんか？

常にむくんでいる

運動が苦手

げっそりやつれるやせ方はしたくない

身体が重い

歳を重ねてからやせにくくなった

部分やせがしたい

辛い食事制限は
嫌だ

体重だけでなく
シルエットを変えたい

暴飲暴食が止まらない

なんとなく毎日だるい

これを
最後のダイエットにしたい

← ひとつでも思い当たったら、読み進めてください！

Contents

The Magical Lymphatic Diet

Chapter

1

たった5日間でやせる

久式リンパダイエットの幕開け

従来の久式リンパメソッドと、ファスティングとの融合で生まれた「久式リンパダイエット」

私はボディメンテナンスセラピスト。

身体の歪みを整え、体液、つまり血液やリンパの流れを整えながら、デトックスを促進する、独自のボディメンテナンスメソッドを考案し、サロンを開業して13年になります。

そして美脚トレーナーとしては、美脚になるためのセルフマッサージやボディメイクマッサージの研究をしています。

かつて70kgオーバーだった私がダイエットに成功したのは25年ほど前。

さまざまなダイエットを試しては挫折し、リバウンドを繰り返していた日々。ある日、段差のないところでつまずいたことをきっかけに、足のケアを始めたところ、半年で15kgのダイエットに成功。マッサージをしていただけなのにみるみる身体が締まっていったのです。特に足首からふくらはぎにかけての変化は早く、日に日に効果を感じるほど。とにかくトイレに行く回数が増え、身体が軽くなることを実感しました。その経験から、自然とマッサージをする習慣がつき、トイレに行った際に排泄物をチェックする習慣もつきました。

それらのすべてが今のセルフケアの原点であり、私がセラピストになる序章でもあったのです。

そこから12年ほど経ち、私はセラピストになるために身体のメカニズムをはじめ、人体学、解剖学、ホリスティック医学などを学び始めます。そこで自己流だったにもかかわらず、私がダイエットに成功した理由が分かりました。それは身体の持つメカニズムに沿って、効果的にマッサージができていたこと。特に身体のめぐりをよくするための要である「関節」を入念にケアしたことで、よりリンパの流れを促進することができた結果だったのです。

足のケアを始めてからは慢性的にあった冷えが改善され、生理痛や便秘も改善し、風邪を引くこともほとんどなくなりました。

私のメソッドベースでもあるリンパマッサージは「めぐり」をよくすること。リンパとは、体内の老廃物や毒素・疲労物質などを排泄するだけではなく、免疫システムにも大きく関与しています。ですからリンパケアは「美容」、そして「健康」

を改善、維持するために欠かせないものなのです。

今ではダイエットに成功した経験とさまざまな専門知識のおかげで、独自のメンテナンスメソッドを確立し、セルフケアメソッドで25年以上リバウンドせずにスタイルキープできています。

でも、40代に突入し、身体に起こるさらなる変化を感じ、身体への意識が再び高まりました。無理なダイエットをしてもダメージが少なく、すぐにやせることができた20代30代とは違い、日々の生活習慣はもちろん、日々がんばってきた結果としての、身体に蓄積した「サビ」を感じることも出てきました。

年齢は単なる数字に過ぎないけど、自分の身体と心とは重ねた年月分付き合ってきて、これからもずっと共に歩むべきもの。

だから、しかるべき時にしかるべきメンテナンスが必要だと改めて気づき、今までのセルフメンテナンスに加え、日々の生活で疲れた内臓を休めるための「断食ファスティング」を融合させました。

私のセルフメンテナンスメソッドは、リンパマッサージをベースに関節のケアをし、本来身体が持つ機能性を最大限に活かせる身体に戻すことです。
そこに、「断食ファスティング」をプラスすることで、身体の隅々まで大そうじをして「サビ」を取り、身体の中から生まれ変わらせることができます。そして、絶え間なく働く胃腸を休めることで内臓をリセット、さらに、胃腸から分泌されるホルモンとリンパケアの相乗効果で、デトックスを加速させることができるのです。

今の時代、年齢に合ったセルフメンテナンス方法として、従来のメンテナンスメソッドにプラスαすることで、よりパワーアップした自分に出会うことができると思います。

私が目指す「理想のカラダ」は、機能性が高く、女性らしいフォルムとかっこよさを兼ね備え、パワフルに動けるカラダ。そんな身体に近づけるのが「久式リンパダイエット」なのです。

実録！　46歳・久優子、ファスティングで劇的変身！

私は身体の歪みを整え、体液つまり血液やリンパの流れを促進しながら全身のバランスを整える、独自のボディメンテナンスメソッドを考案し、3万人以上ものお客様の身体のメンテナンスとダイエットのお手伝いをしてきました。

でも、食事に関して一度もお客様に提言したことはなく、私自身もダイエット中から約25年、食事制限らしきことは一切していません。

〝体重よりも見た目重視〟〝なるべく自炊〟〝食事は和食中心で腹八分目〟

これだけを課して、あとは制限せず好きなものを食べていました。

私のライフスタイルには、太らないためのルールや老廃物を溜めないセルフケアの習慣、歪みを最小限にする行動や意識などの「Ｍｙルール」があります。その「Ｍｙルール」のおかげで20kgのダイエットに成功してから現在に至るまでノーリバウンドなのです。

でも、歳を重ねると若い時とは当然違い、体調の変化や不調なども感じるようになり、身体の「サビ」を認識するようになりました。

そう感じ始めたとき出合ったのが、一般的な酵素ドリンクファスティング。

今までの私なら絶対にやらなかった３日間ファスティングに挑戦したのです。


結果、３日でマイナス２・１５kg。確かに体重は落ちたのですが、回復食の定番「スッキリ大根」（腸内にとどまる宿便を流すため昆布でゆでた大根、大根の煮汁、梅干し）や、胃腸に負担がかからない回復食を食べても便が出ないのです。その後も、便秘知らずの私が10日以上、便が出ずに苦しめられたのです。

それではいくら胃腸がファスティングをしてリセットされたとしても、身体にとっていいこととは言えません。


この辛い体験からファスティングを研究し始め、自分の身体を使って実験をしました。納得いくまで色々な方法を試し、ファスティング中の頭痛やだるさが軽減され、もちろん体重が落ち、一番落としたいと思うパーツが引き締まり、むくみが取れ、お通じもきちんとある、そんな理想のファスティングを実行できたのです。

その結果、2.6kg減。

ファスティング中に起こる不調は黒糖や酵素ドリンク、とろみをつけた飲み物を摂って改善し、それまでのファスティングの時よりも元気に3日間過ごすことができました。お腹まわりのたるみが改善し、ウエストにくびれができ、なんと固形物を食べていないのに3日目に便がスルッと出たのです。

下のBefore&Afterの写真を見ていただければ一目瞭然ですよね。

くびれはもちろん、お腹の厚み、脚全体が引き締まって細くなっています。おへその形はどんどん縦形になり、お腹にはうっすら筋が入ってきています。

そうして完成された「断食 ファスティング」の方法について、次ページから詳しく解説していきます。

結果、3日間で-2.6kg!!!!

After ← Before

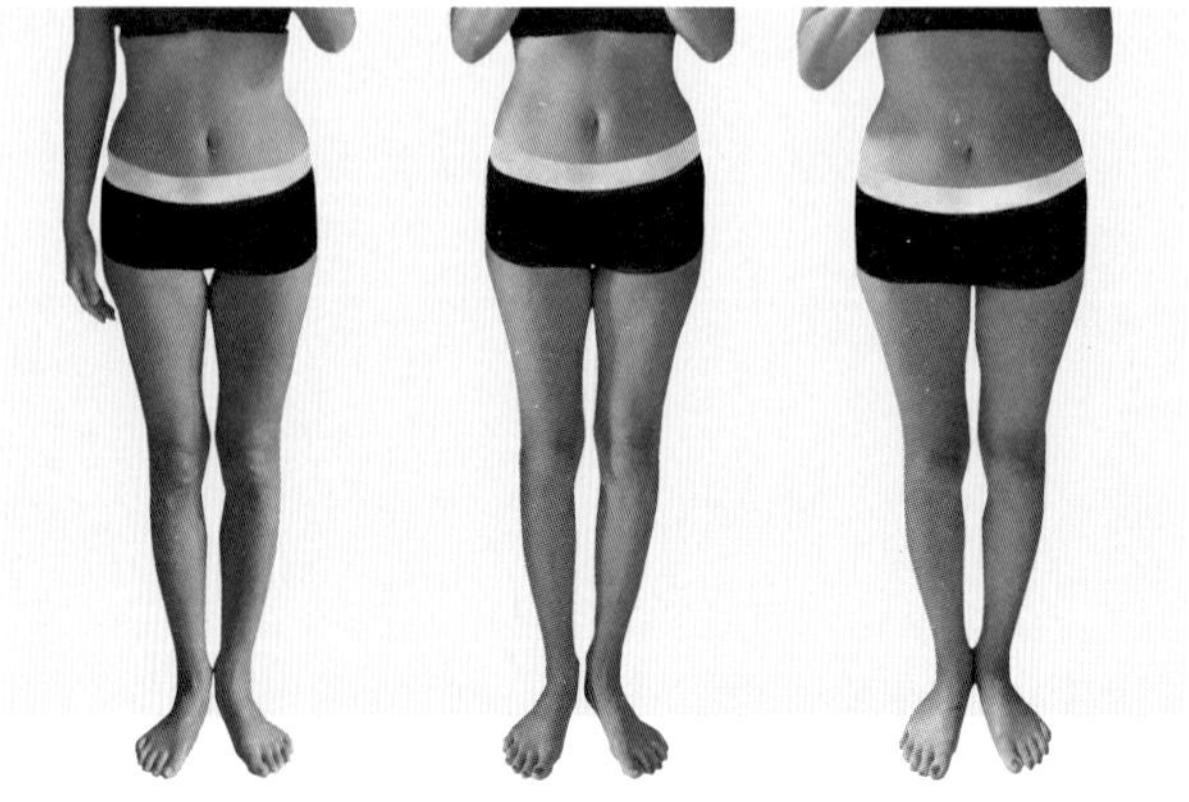

50.60kg (-0.75kg)	51.35kg (-1.85kg)	53.20kg
3日目	2日目	1日目

久式リンパダイエット5DAYS 成功例

毎朝のルーティン

白湯100ml（温かめをゆっくり飲む） 酵素ドリンク50ml

DAY 1

スタート体重53.20kg
仕事中空腹感あり。
仕事から帰るとき少しフラつきあり。
夜、寒気あり。ゆっくり入浴。
いつもより早めに就寝。
夜中、トイレ6回。

DAY 2

体重51.35kg（朝計測：-1.85kg）
いつもより1時間早く起床。
軽い頭痛あり。眠くて2度寝。
昼間、異常にのどが渇く。
インディバで身体を温め、体調良好。
頭がスッキリし、身体が軽い。
夜中、トイレ2回。

DAY 3

体重50.60kg（朝計測：-0.75kg）
いつもより1時間早く起床。
スッキリ目覚める。
顔のむくみがなく、手足が軽い。
仕事中、水分を意識して多めに摂る。
頭がスッキリし、集中力が増す。
夜中、トイレ0回。

DAY 4

体重50.30kg（朝計測：-0.3kg）
昼食：重湯、豆腐の味噌汁、
　　　ぬか漬けきゅうり
夕食：柔らかめのおかゆ、味噌汁、
　　　ひきわり納豆、りんご

DAY 5

体重50.54kg（朝計測：＋0.24kg）
朝食：柔らかめのおかゆ、味噌汁、ひきわり納豆、りんご
昼食：柔らかく炊いた玄米、おすまし、高野豆腐、
　　　ほうれん草おひたし
夕食：普通の硬さのごはん、味噌汁、納豆、キムチ、
　　　もち麦入りサラダ

-久式リンパダイエット5DAYS-

	断食 ファスティング		関節まわし
DAY 1	ファスティング 1日目	＋	首・肩・腕・腰・股関節・足首をそれぞれ毎日まわす
DAY 2	ファスティング 2日目		
DAY 3	ファスティング 3日目		
DAY 4	回復食 1日目		
DAY 5	回復食 2日目		

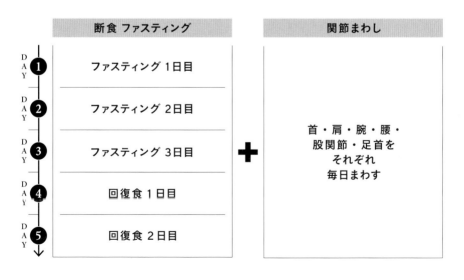

思い立ったらすぐ実行可能！自分らしくカスタマイズできるのが「久式ファスティング」

「ファスティング」という言葉を聞いて何を想像しますか？
「辛そう」「絶対リバウンドする」という声が多いと思います。

通常3日間のファスティングといっても、前後の準備期間、回復期間を合わせると約9日間になります。その9日間を確保するのはとても大変ですよね。でも、私がおすすめするファスティングは、あえて準備期間をカットしているので、思い立ったらすぐに実行できます。「今日からやる！」と思ったら、夜19時もしくは20時までに食事を終えられれば翌日からスタートできるのです。

自分らしくカスタマイズできるように、3つのモデルケースを紹介します。

- 週末1日半だけの「プレプチ週末1日半ファスティング」
- 1日1食スープの「ゆるプチファスティング」
- 3日間水分のみの「3日間ボディリセットファスティング」

「久式ファスティング」はいずれも胃腸をはじめ、いつも働いてくれている内臓を休ませてあげること、そして休めさせることによって本来そこに使うエネルギーを身体の修復、つまりメンテナンスに使えるようにすることを目的としています。

自分のライフスタイルに合わせ、何日間にするのか、どんなやり方をするか、は自由に選んでＯＫ！　まずは、ゆる～く試してみてください。

そして、ファスティング中の不調は「身体からの大切なメッセージ」ですので、きちんと対処することがすべての成功の鍵となります。ほどんどの不調は老廃物や毒素の排泄によるものなので良質な水分を摂ること、低血糖やミネラル不足を補うために「黒糖」を食べること、「関節まわし」をしてデトックス力を高めるようにしてください。また、倦怠感や眠気を覚えたら、温かい飲み物にとろみをつけてゆっくり飲んでください。それでも不調が改善できないときには、白湯に生姜を入れとろみをつけたもの、りんごや大根をおろしたものにとろみをつけたものを飲んでみてください。

身体に優しく、内臓をリセットしてあげることが、久式ファスティングでは大切なのです。

LET'S TRY 久式ファスティング 5DAYS

それでは、実際に久式ファスティングに挑戦です。
生まれ変わった自分をイメージし、さあ、新しい扉を開けましょう！

Simple Daily Rules

この4つで成功率がグッとUP!

1 "今のカラダ"を スマホに記録しましょう。

前から、横から、後ろからの3ショットはマスト。
▸毎日、自分の身体を記録することで大きな変化も細かい変化もチェックできます。

2 体重を記録しましょう。

ポイントは毎日同じ時間に裸で計測すること！

▸毎日、自分の体重を知ることで自分の身体をより知ることができる。起床後と就寝前の2回はマスト。

3 良質なミネラルウォーターを 飲みましょう!

水分摂取は良質なミネラルウォーターが主。
▸麦茶・はと麦茶・そば茶・ルイボスティを常温で！

4 なりたい自分を いつもイメージしましょう!

なりたい自分をイメージすることで目標が明確に！
▸これこそが成功の秘訣です。

ABOUT WATER	良質なミネラルウォーター（蒸留水）、軟水を飲むこと。 ファスティング中は吸収速度が遅い硬水や水道水、炭酸水はNG。

ファスティング中あるある

ファスティング中の不調なんかこわくない!

症状	対処法
●頭痛や吐き気 血流が促進され、 新陳代謝がよくなると起こる。	→ 黒糖や塩を少量摂取する。
●倦怠感や眠気 老廃物や毒素が血液へ流れ、 血流に乗ることで全身に症状が出る。	→ 少し横になる。
●吹き出物や湿疹、肌荒れ 老廃物の排泄が活発になり、肌に出る。	→ スキンケアを シンプルなものに変える。
●尿の量が増える 老廃物を体外に出そうと 排泄機能が活発になる。	→ 水分を摂る。

これらの症状は一般的に「好転反応」と言われる症状です。体に合わないのかも、もう無理かも、と思っても一旦は様子をみましょう。なぜなら好転反応の症状は、老廃物や毒素が排泄されれば落ち着くことが多いからです。症状が出たらまずは水分を多めに摂りましょう。

久式ファスティングで期待できる効果

1 ダイエット効果

体重が1.5kg～多い人で3kgくらいはストンと落ちる！　身体が軽くなるのはもちろん、ほっそり、スッキリする。めぐりがよくなりどんどんやせ体質に！

2 自然治癒力アップ

固形物を食べる量が減るため内臓が休まり、身体への負担が軽減され、体内のメンテナンスの効率がUP!　消化吸収・輸送・代謝・排泄が正常化し、自然治癒力が高まる。

3 免疫力アップ

腸の大掃除ができるため、腸内環境が整ってよくなり、関節をまわすことで免疫機能に関与するリンパをしっかりと刺激でき、より効果的に免疫力をアップできる。

4 デトックス力がつく！

腸を休ませることで、腸が本来の機能を取り戻し、排泄力がアップ！　リンパケアとの相乗効果で体内に溜め込んでいた水分や老廃物などのデトックスが加速。

5 ゆったりした気持ちになる

内臓が休まることでホルモンバランスが整い、脳内にα波が出てゆったり落ち着いた気分に。自律神経のバランスがよくなることで、血管が拡張→血行が促進→体温もUP。

6 ポジティブマインドに！

食事の時間が短縮されるので自分と向き合う時間が自然と作れ、心身ともにオールリセット！　頭がスッキリし集中力がアップ。視界がクリアになり、五感が研ぎ澄まされる。

7 身体の中から変わる＝ノーリバウンド

身体の中＆外からアプローチできるのでリバウンドしにくい体に変化！　内臓だけでなく、血液やリンパ・関節・筋肉など身体の隅々までリセット＆メンテナンスできる。

～ファスティングスタート!
無理せず自分に合わせてカスタマイズを～

基本的にやり方は、いたってシンプル！ ファスティングの1～3日目は以下に提案するCASE1・2・3のうち、自分に合ったやり方を選びましょう！

day 1-3

CASE 1

プレプチ週末1日半ファスティング

お休みの日に1日何も食べずに過ごして体内のリセットボタンをON! 飲みすぎや食べすぎた翌日に行うのもオススメ

摂るべきもの……白《さ》湯《ゆ》、酵素ドリンク、ミネラルウォーター

How To

- 起きたら、温かめの白湯をゆっくり飲んでスタート。
- この日、身体に入れていいのは水分のみ。酵素ドリンク200-300mlと良質なミネラルウォーター。ノンカフェインのお茶たちもOK。
- 水分を摂ってもOKなのは20時まで。それ以降は何も口にしません。

Memo

ファスティング明けの昼食はお味噌汁のみ。具なしか、歯を使わなくても食べられる具が入ったものを摂りましょう。すりおろした生姜を入れて身体を中から温めるのがオススメです。夕食は、胃腸に負担がかからないもの、消化にいいものを少しずつよく噛んで食べること。素材の味を感じられるくらい咀嚼しましょう。気をつけなければいけないのが、ファスティング明けの食事の摂り方！ ここをきちんとしないと努力は水の泡。なぜなら胃腸が休んでいた状態で突然普通の食事を摂ると一気に内臓に負担がかかるからです。体内をリセットした状態を保つためにも、口に入れるものには注意しましょう。

day 1-3

CASE / 2

ゆるプチファスティング

「まったく食べない！　というのは自信がない」という人はプレ週末1日半ファスティングをベースに1日1食のお味噌汁orスープ生活を3～5日間行い、身体の中をゆっくりリセット

［ **摂るべきもの……白湯、酵素ドリンク、ミネラルウォーター** ］

—— How To ——

●起きたら、温かめの白湯をゆっくり飲んでスタート。
●この日、身体に入れていいのは、お味噌汁・スープと水分のみ。酵素ドリンク200-300mlと良質なミネラルウォーター。ノンカフェインのお茶たちもOK。
●お味噌汁・スープは13時くらいまでに食べるようにすること。午後から夜にかけて水分の排泄スピードが遅くなるので食べる時間は厳守。お味噌汁・スープともに、具なしか歯を使わなくても食べられる食材は入れてもOK。

Memo

初めてファスティングする人、過去に失敗したことがある人にオススメなのが大根・もち麦・豆腐の汁物です。大根はすりおろすか短冊に切り柔らかく、豆腐は小さめにカット。そこに水溶性食物繊維「もち麦」をプラスします。プチプチした食感のもち麦はお味噌ベースでも、コンソメベースでも相性がよく、よく噛むという意識をもたらせてくれるのでオススメです。水溶性食物繊維は水に溶けるとゲル状になり、身体に不要なものとくっついて排泄《はいせつ》に導き、さらに腸内をゆっくり掃除してくれるので、よりデトックス力を加速してくれます。

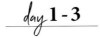

day 1-3

CASE 3

3日間ボディリセットファスティング

3日間何も食べずに過ごし、身体の隅々まで大掃除。内臓を休め、体内の老廃物を排泄し、身体をリセット

[**摂るべきもの……白湯、酵素ドリンク、ミネラルウォーター**]

—— How To ——

- 起きたら、温かめの白湯をゆっくり飲んでスタート。
- この3日間、身体に入れていいのは水分のみ。酵素ドリンク200-300mlと良質なミネラルウォーターとノンカフェインのお茶たちもOK。
- 水分を摂ってもOKなのは寝る3時間前まで。

Memo

3日間で一番ツラいのが**1日目**。体の不調は感じにくく、夕方から食べたい欲求が強くなります。19時～22時までが勝負です！　食事を摂っていないので体温が下がり寒気を感じることがありますが、それは自然なこと。お風呂に入りゆっくりと過ごしてください。その時のポイントは手首をきちんと湯船に入れること。体の温まり方が断然違います。お風呂上がりにフラフラしたり、頭痛がしたときには、良質な黒糖や塩を摂取してください。

2日目から、いつもより自然に早起きになるなど、変化が訪れることが多いです。白湯をゆっくり飲んでスタートしましょう。午後になると頭痛などの不調を感じることがありますが、身体の大掃除をしている影響なので、良質な黒糖や塩を摂り、酵素ドリンクやミネラルウォーターを多めに飲んでデトックスを促すことで改善します。食事を作る・摂る時間がなくなっただけなのに、時間に余裕があると感じるのも2日目です。お腹が空いたら水分を摂り、上手に気分転換をしましょう。そこを乗り切ったら、あとは身体が軽くなるのみ!!!

3日目もスッキリとした目覚めを迎えられると思います。白湯をゆっくり飲んでスタートしましょう。身体が軽く、視界も広く明るく感じると思います。空腹感は薄れ、いつもよりも感覚が鋭くなり、集中力も増します。食事を摂らなくても生きていけるんだ！　と、気持ちまでもがポジティブになっていきます。最終日は身体に目を向け、ゆっくり過ごしましょう。今まで気がつかなかったことに気づくことも！

ATTENTION!

ファスティング中の水分補給はダイエット&デトックス効果を大きく左右する!
効果をより高めるためにも上手に水分摂取しましょう

WHY? なぜ水を飲まなければいけないの?

脱水を防ぐ

ファスティング中は食物からの水分摂取量が少ないため、その分多くの水分を摂る必要があります。また、体内に水分を溜める能力が低下しているので、こまめに飲む必要があるのです。

血流促進

水分を摂ることで血液中の血しょうが多くなり血液がサラサラに。老廃物の流れがよくなります。反対に水分が不足すると血しょうが少なくなり、血液がドロドロになって流れが悪くなってしまいます。

デトックス

水分をしっかり摂ることで血液とリンパの流れが促進され、尿や汗と一緒に老廃物が排出されます。水分を摂り、リンパの流れや血液の流れがよくなるとデトックス効果も高まります。

脂肪燃焼促進

脂肪を燃焼させるためには水分はとても重要です。十分な水分がないと効率よく脂肪が燃焼しません。特にファスティング3日目あたりから脂肪の分解が活発になるのでしっかりと水分を摂ることが重要になります。

空腹感を紛らわす

特に1日目が空腹感が強いため、水を飲むとことで気を紛らわせることができます。酵素ドリンクをプラスする場合はミネラルウオーターと合わせて1.5〜2L水分を摂りましょう。

Recommended Items

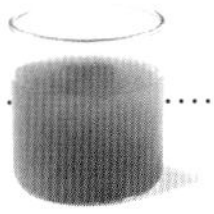

酵素ドリンク

沖縄・波照間島産のミネラルが豊富に含まれた純黒糖と、北海道産大雪の湧水を原料とし、9種類の酵母菌の入った乳酸菌飲料。

YUKO'S VOICE/ファスティングで体内をリセットしながら腸内環境を整えることができる乳酸菌飲料。抗酸化作用があるので身体のサビを取り、細胞の隅々までリカバリーしてくれる優れもの。褐色脂肪細胞にアプローチしてくれるため新陳代謝もアップ!

珊瑚黒糖

沖縄県糸満産の珊瑚黒糖。良質な糖分とミネラルを豊富に含んだこだわりの品。沖縄の大地のエネルギーと製造者の愛がたっぷり含まれています。

YUKO'S VOICE/低血糖で頭痛や吐き気がした時、お風呂で汗をかいてミネラル不足になった時、倦怠感が出た時などにオススメのアイテム。ミネラルたっぷりの黒糖なので、ファスティング中に不調を感じたら、小さく割ってお口の中へ。

CLAYD 〜入浴剤・泥パック〜

遠赤外線の効果で温浴効果があり、血行やリンパの流れを促進してくれます。入浴剤としても、泥パックとしてもお肌がふっくらプルプルに!

YUKO'S VOICE/ファスティング中は、体温が下がるため入浴がオススメ。私は毎日バスタイムでマッサージをします。ファスティング中は贅沢にCLAYDで全身泥パックします。普段ゆっくり入ることができない人もバスタイムを楽しんで!

〜大切なのは回復食。胃腸に負担をかけずに、ノーリバウンドを目指す〜

ファスティング後は身体にさまざまな変化が起こってきます。嗅覚や味覚が変わり、食の嗜好が変わっていることも！　ファスティング後は胃腸に負担をかけないで!!

day 4

ファスティング明けの身体は飢餓状態で吸収力が上がっているので、まずは重湯からスタート。1口につき20〜30回くらいゆっくり噛んで食べましょう。

朝食：重湯・梅干し・きゅうり・りんご
昼食：おかゆ・野菜（特に根菜類）・柔らかくした薄味スープなど
夕食：おかゆ・お味噌汁（具は豆腐、大根などを柔らかくしたもの）など
※寝る4時間前までには食べ終えましょう。

柔らかいものや細かくしたものを食べて、消化にかける力を減らしてあげることがポイント。ファスティング後はとにかく内臓に負担をかけないことが大切。身体を温める根菜類を汁物にして食べるとGOOD!

day 5

基本的に和食のメニュー。発酵食品は意識的に摂りましょう。胃腸に負担がかからないように柔らかめのごはん→普通の硬さのごはんのように徐々に移行しましょう。

朝食：柔らかめのごはん・お味噌汁・ほうれん草のおひたしなど
昼食：柔らかめのごはん・野菜（特に根菜類）、具を柔らかく煮た薄味スープなど
夕食：普通の硬さのごはん・納豆・キムチ
※寝る4時間前までには食べ終えましょう。

身体が欲するものが、今までと変わってきていませんか？　普通食に戻すまで3〜5日は和食中心、特に発酵食品やたんぱく質を摂るように心がけましょう。せっかくきれいになった身体を食べ物で汚さないように！

to be continued... ファスティングの効果を持続させるために

OK食材

「まごわやさしいっす」

ま：豆類（大豆・黒豆・納豆・味噌などの豆類）
ご：ごま類（ごま・くるみ・亜麻仁などの種子類）
わ：わかめ（わかめ・昆布・もずくなどの海藻類）
や：野菜・果物・漬物
さ：魚
し：しいたけ・舞茸などのきのこ類と生姜
い：いも類（さつまいもなど）・米・玄米・雑穀などの穀物類
つ：漬物・植物性乳酸菌
す：酢の物

NG食材

アルコール・揚げ物・お菓子・コーヒー・カフェインを含む飲み物・チョコレート 食品添加物（ハム・ソーセージ・ウィンナーなど）・肉や魚・白米・パン・うどんなど

YUKO'S VOICE／ファスティング後によく食べた食材は、納豆・湯豆腐・冷奴・お味噌汁・スープ・フルーツ・十割そば・ひじきの煮物・高野豆腐・ほうれん草の胡麻和え・切り干し大根・キムチ・お漬物など。高野豆腐はお味噌汁に入れてもOK! な万能食材です。

ファスティング Q&A

Q1.

ファスティング中に 気分が悪くなったら？

血糖値が一時的に下がるのでふらつきを感じたり、頭痛がしたり、頭がぼーっとしたりする場合もあります。そのときはまず、水分を多めに摂りましょう。症状が改善されなければ黒糖をひとかけ食べましょう。症状が改善すればそのまま続けましょう。ただし、無理は禁物！

Q2.

ファスティング中に 運動をしてもいい？

ファスティング中はエコモードになっているので、運動すると少し疲れやすいかもしれません。でも代謝はよくなっているので、動いた分だけデトックス効果はアップします。体調を見ながら、が正解です。

Q3.

ファスティング中 湯船につかっていい？

ファスティング中は 体温が下がるので、お風呂に入って身体を温めるのはとてもよいことです。ただ汗をかくと身体からミネラルが失われるので、良質な塩や黒糖を摂取することをおすすめします。

Q4.

生理中でも ファスティングしていい？

生理が始まると排泄作用が高まるので、ファスティングとの相乗効果が期待できます。でも生理前は体内に水分を溜め込みやすく、むくみやすい時期なのでファスティングの効果を実感しにくくなるかもしれません。

Q5.

どうしてもお腹がすいた時は どうしたらいい？

どうしてもお腹がすいた時は身体からのサインなので我慢せずに具なしのお味噌汁や梅干し、生姜湯、黒糖などを補助的に少し食べましょう。お腹がグーっとなるのは、腸の大掃除が始まったサイン。お腹の音に左右されないで。

ファスティングで
やせスイッチをONにしたら
ノーリバウンドでいきましょう！

頑張ってもあっけなくリバウンドしてしまうのが、ファスティングの大きな落とし穴。リバウンドをしないためのポイントとなるのはズバリ回復食なのです。ファスティングによって老廃物が排泄され、大掃除をしたクリーンな体内をなるべくキープするには、少なくとも3日から5日かけて食事の量を増やしていくのがベストです。その理由は、休ませた胃腸に負担をかけないようにすること、そしてリバウンドを防ぐためです。ファスティング後の身体は飢餓状態にあるため、一気に栄養分を吸収し、脂肪として溜めこんでしまいがち。**ファスティングの成功の鍵は「回復食」にある**と言っても過言ではありません。

この3日から5日をていねいに過ごすことで食の嗜好や意識が変わり、「まごわやさしいっす」（Ｐ28参照）が普段の食事の基本になるのです。

ファスティングにより、無意識に自分の身体が欲する「こと」や「もの」を取り入れられるようになり、身体からの声を聞けるようにもなります。

ファスティングにより体内時計がリセットされたついでに見直したいのが、人間の体内のリズム。
24時間の中で体内リズムは大きく分けて3つに分かれます。

4〜12時まで「排泄の時間」
体内に溜まった老廃物を身体の外に出す時間。
12〜20時まで「栄養補給と消化の時間」
しっかりと食事を摂り、
栄養素が身体に吸収されるように消化する時間。
20〜4時まで「吸収と代謝の時間」
栄養素を消化吸収して体内に取り込む時間。

この3つの時間を意識し、自分のライフスタイルを組み立て直すことで、ファスティングで手に入れた健康で美しい身体をキープすることができるのです。

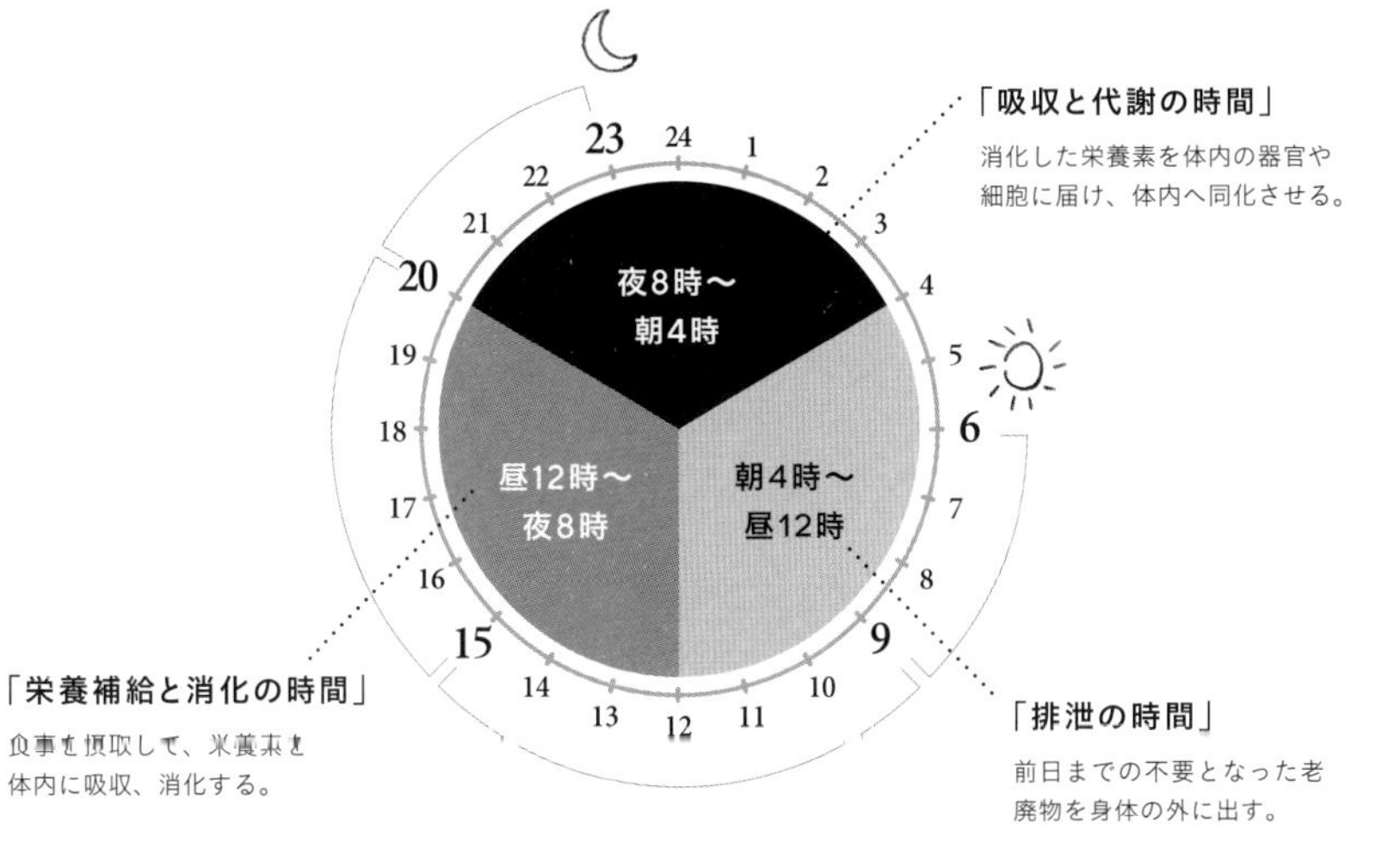

「吸収と代謝の時間」
消化した栄養素を体内の器官や細胞に届け、体内へ同化させる。
24 1 2 3 4 5 6 7 8 9 10 11 12 13 14 15 16 17 18 19 20 21 22 23
夜8時〜朝4時
朝4時〜昼12時
昼12時〜夜8時
「栄養補給と消化の時間」
食事を摂取して、栄養素を体内に吸収、消化する。
「排泄の時間」
前日までの不要となった老廃物を身体の外に出す。

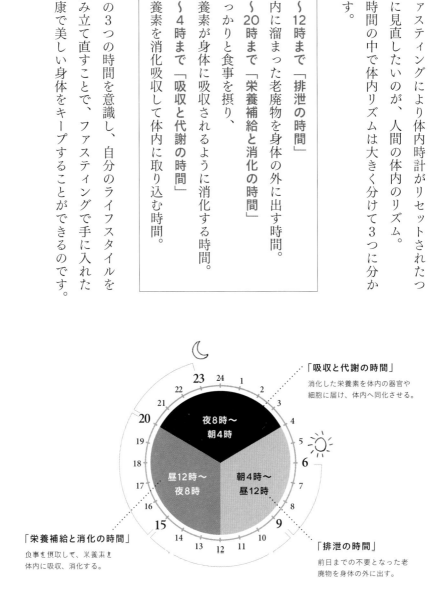

リバウンドしないために毎日摂ってほしいものLIST

3〜5日の回復食が終わっても意識的に摂ることでリバウンドせず、
さらに理想のカラダに近づき、さらに磨きをかけることができる魔法の食材をご紹介します。

食事を摂るときには、自分が暮らす土地のものや
その季節の物を食べるのがBESTです!

#米

日本人の基本は「お米」です。お米は消化しやすく、身体を冷やしにくい食材です。効率よくエネルギーを作り、体温を保ち、脂肪を燃えやすくしてくれるダイエット食材なのです。

#発酵食品

ファスティング後の腸はリセットされ、まっさらな状態です。回復食で善玉菌が住みやすい腸にするため発酵食品を積極的に摂りましょう。特にキムチ、ぬか漬け、納豆はおすすめです。

#海藻

水溶性食物繊維が豊富なので腸内環境を整える効果があり、食事中に摂ることで血糖値の急上昇、脂肪や糖の吸収を抑えることができます。ミネラルが豊富で、新陳代謝を活発に!

#根菜類

根菜類は身体を温めてくれるので積極的に摂りましょう。特に大根・にんじん・ごぼう・生姜は常備しておきたいもの。大根には消化酵素が含まれているので糖質の代謝を促します。

#野菜

どんな野菜でも皮から葉っぱ、根があれば根まで丸ごと食べ尽くしましょう。ごぼうは皮を剥かずに、長ネギは緑の部分も根のひげの部分も食べることですべての栄養素を摂取できます。

#もち麦

もち麦は水溶性食物繊維が豊富なので腸内環境を整えてくれます。ご飯と炊くのではなく、茹でてお味噌汁やスープ、納豆やサラダなどに加えて。手軽で万能なオススメ食材。

#高野豆腐

美と健康にマストな大豆イソフラボン・カルシウム・鉄分が多く含まれ、高タンパクで低糖質!胃で消化されにくく、脂肪を吸着しながら便通を改善する効果があります。

#味噌

日本の伝統食でもある発酵食品。大豆が原料なのでタンパク質を多く含み、麹で発酵させたお味噌はまさにパワーフード! 腸内に住む善玉菌の働きを助け、腸内環境を整えてくれます。

#納豆

納豆に含まれる納豆菌や食物繊維は腸内環境を整え、納豆キナーゼは血流を改善し、美肌効果も期待できます。キムチやアボカドと一緒に摂ることで美容効果もアップ。

#白湯《さゆ》

浄化デトックス作用を筆頭に、疲れにくくなる、むくみが取れるなどさまざまな効果を発揮してくれる白湯は、ファスティングはもちろん、日々の生活にぜひとも取り入れてほしい飲み物です。ただ電気ポットの普及で、やかんで白湯を作る人が減っているようです。残念ながら電気ポットで作ったはずの「白湯」は本当の「白湯」ではないのです。ここで正しい作り方をマスターして、その効能を実感してください。

白湯の持つ効果

- 血液を温めて血管を広げ血液の流れをよくする
- 体内の老廃物を排泄する
- 便秘の解消
- 内臓が温まって冷え性改善
- デトックス効果
- 美肌効果
- 免疫力アップ
- ダイエット効果
- 内臓機能がよくなる

正しい白湯の作り方

1. やかんにお水を入れて、火にかけます。

↓

2. 沸騰したら、やかんのふたを取ります。

↓

3. そのまま、さらに10~15分沸騰させます。

※沸かし直しはNG

飲み方のポイント

- 朝一番にゆっくり飲むのがおすすめ
- 人肌よりも少し高めの温度で飲みましょう
  飲む量は1日700～1000mlくらいがベスト
- 5～10分かけて少しずつ飲むことで身体の中から温まる感覚を感じましょう

オススメの飲み方

- むくみ予防………白湯×はちみつ
- 疲労回復………白湯×レモン＆塩
- 身体を温める………白湯×生姜
- 便秘解消………白湯×オリーブオイル

「ファスティング」&「ノーリバウンド」に欠かせないのは毎日の排泄物チェック

ウンチとオシッコは誰よりも身体の状態を知っています。

about おしっこ

おしっこは体内を知る大切なバロメーターです。よいおしっこは1日4～6回 透き通った黄色で勢いよく出ます。午後2時以降排泄力がダウンするので朝からお昼過ぎまで水分を摂取するとよいでしょう。

透き通った黄色おしっこ

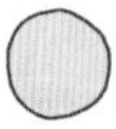

濁りも泡立ちもない、透き通った黄色いおしっこは健康で水分が身体中に行き渡っている状態です。まさにめぐっている証拠。この状態キープで頑張りましょう！

白濁・泡立つおしっこ

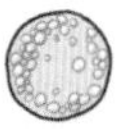

白濁は白血球が含まれた膿尿と呼ばれる状態。泡立ちは一定以上のタンパク質が排泄されている可能性が。過度の飲酒、体調を崩した時におしっこが泡立つことがあります。

透明色おしっこ

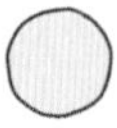

透明度が高すぎる場合、水分の過剰摂取の可能性があります。薄い色のおしっこの状態で頻尿と水分不足が続くと初期の糖尿病の可能性も。長引く場合は病院へ行くことをおすすめします。

濃い黄色おしっこ

水分の摂取が不足しているかもしれません。軽度の脱水症状である場合が多く、悪寒や倦怠感、頭痛といった症状の原因となります。摂取している医薬品が原因の場合も。

うんち豆知識　うんちとして出ていくものは、食べたもののうちたったの2%でうんちのほとんどは腸内細菌とその死骸、腸管壁の剥がれたもの、肝臓・膀胱・腸からの分泌物なのです。

おしっこ豆知識　ダイエット中におしっこの回数が増えるのはとてもよいこと。食べる量が減ることで水分が体内をめぐりやすくなった証拠なのです。水分を控えると血液やリンパの流れが悪くなるので意識して飲みましょう。

いいうんちに必要なのはこの3つ

便を柔らかくする

‣ 水分

1日1.5Lから2Lをめどに水分を摂ると便が適度に柔らかくなる。

腸内環境を整える

‣ 乳酸菌ビフィズス菌

善玉菌の代表である乳酸菌とビフィズス菌をしっかり摂る。

腸内環境を育てて便の形をつくる

‣ 食物繊維

食物繊維は大腸にそのまま届き、適度な柔らかさのうんちを作ってくれる。

---

about うんち

なにげなくトイレで流しているうんちは自分の腸内環境を知らせてくれる大切なもの。いいウンチは“なめらかバナナうんち”。イキまなくてもスルッと出て、出した後すっきり、臭くないのが特徴。

コロコロうんち

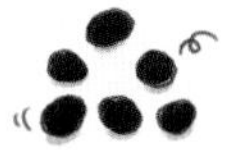

うさぎのフンのように小さくコロコロしたうんちは便秘傾向に。腸の中にとどまる時間が長く、水分が吸収されて固まり肛門に残ってしまうことも！ 残便感を感じたら食物繊維や乳酸菌、良質な水分を多く摂りましょう。

水分：50%くらい
臭い：つんとする
強めの悪臭
腸内環境：悪玉菌が優位

団子うんち

コロコロしたうんちがくっついた状態で、ある程度硬さと大きさがあるため無理に出そうとすると肛門を傷つけてしまい、出血することも！ うんちを柔らかくするために良質な水分をこまめに摂るようにしましょう。

水分：60%くらい
臭い：悪臭
腸内環境：悪玉菌が優位

なめらかバナナうんち

イキまずに便意が来たらスルッと出てきた長く太いバナナのようなうんちはまさに理想的。スルッと出て、お腹にスッキリ出し切った感があり、トイレットペーパーでお尻を拭いた時にほとんどつきません。

水分：80%くらい
臭い：キツくない臭い
腸内環境：善玉菌・悪玉菌のバランスがよい

泥状うんち

水分を多く含み、ふにゃふにゃで不定形なうんちは消化吸収ができていないうんち。つまりは下痢傾向で、イキまずうんちが出るけど残便感がある。お尻を拭くとべったりついてしまう。

水分90%くらい
臭い：強い悪臭
腸内環境：悪玉菌が優位で荒れ気味

混合うんち

水分の少ない硬いコロコロうんちと水分が多い泥状うんちの混合うんちは、腸で水分の吸収異常が起こり、便秘や下痢が繰り返すことが多い。残便感が強く、生活習慣やストレスが原因の場合が多い。

水分：60~90%くらい
臭い：キツイ悪臭
腸内環境：悪玉菌が優位

モニターさんが体験！

「久式リンパダイエット」で私たち、こんなにやせました！

「久式リンパダイエット」に二人の女性が挑戦。今回は3日間の「ファスティング」に、サロンでの施術をプラス。どれだけ変わったのか、その目で確かめてみてください！

CASE 1

コロナ太り解消のため3日間のファスティングに挑戦

コロナ太りで10kg以上体重が増えてしまったAさん。ファスティング特有の便秘にもならず、3日間で約3kgのダイエットに成功！

40代

Aさん（47歳）

After ← Before

お腹、腰まわりがスッキリ！

体重マイナス3.1kg!!

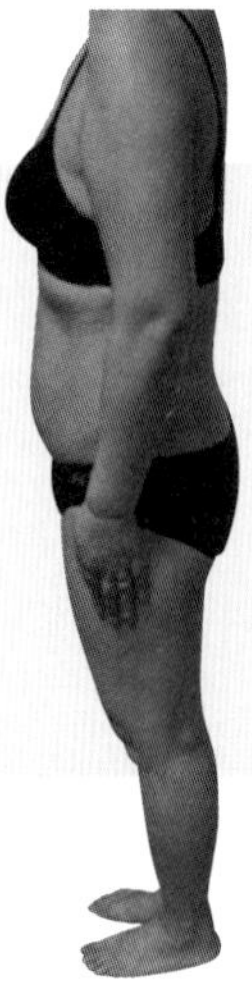

69.7kg

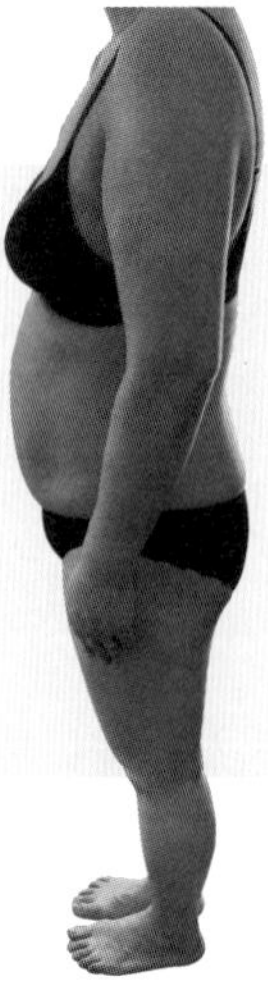

71.2kg

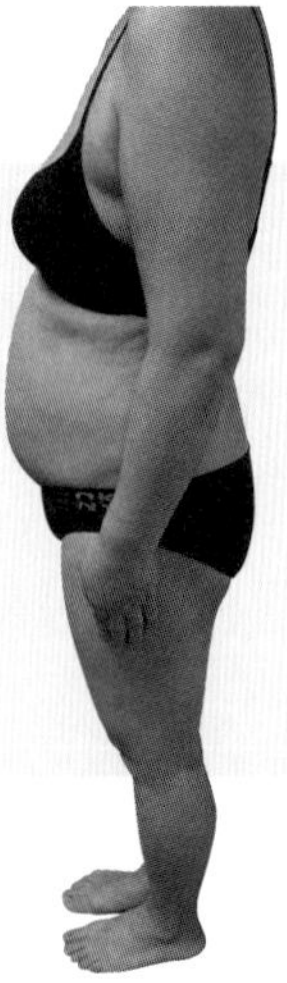

72.8kg

DAY 3

頭痛・倦怠感なし。
夜中に排便あり。
初日からマイナス3.1kg。

DAY 2

スッキリ目覚め。
サロンでインディバコース2H受ける。
空腹感少しあり。
寒気あり。

DAY 1

日常の水分不足を再認識。
夕方、少し頭痛あり。
湯船に入り温まって気が紛れた！
トイレ回数は7回。

What's「インディバ」?

今回、3日間のファスティングとともに行ったサロンでのインディバコース。インディバとは、スペイン生まれの「高周波温熱器」。体内深部から加温を行う温熱療法です。新陳代謝を促すため、脂肪の燃焼が活発になり、老廃物の排出やターンオーバーの促進にも効果があります。

CASE 2

胃を休めるためのファスティングは効果絶大

これ以上体重増加しないためと、胃を休めるために挑戦したNさん。食べるのが大好きだから心配だったけど無事大成功しました！

40代

Nさん（45歳）

After ← Before

デニムが緩い、腕が細くなった！

きちんと排便もあり！体重マイナス3.6kg!!

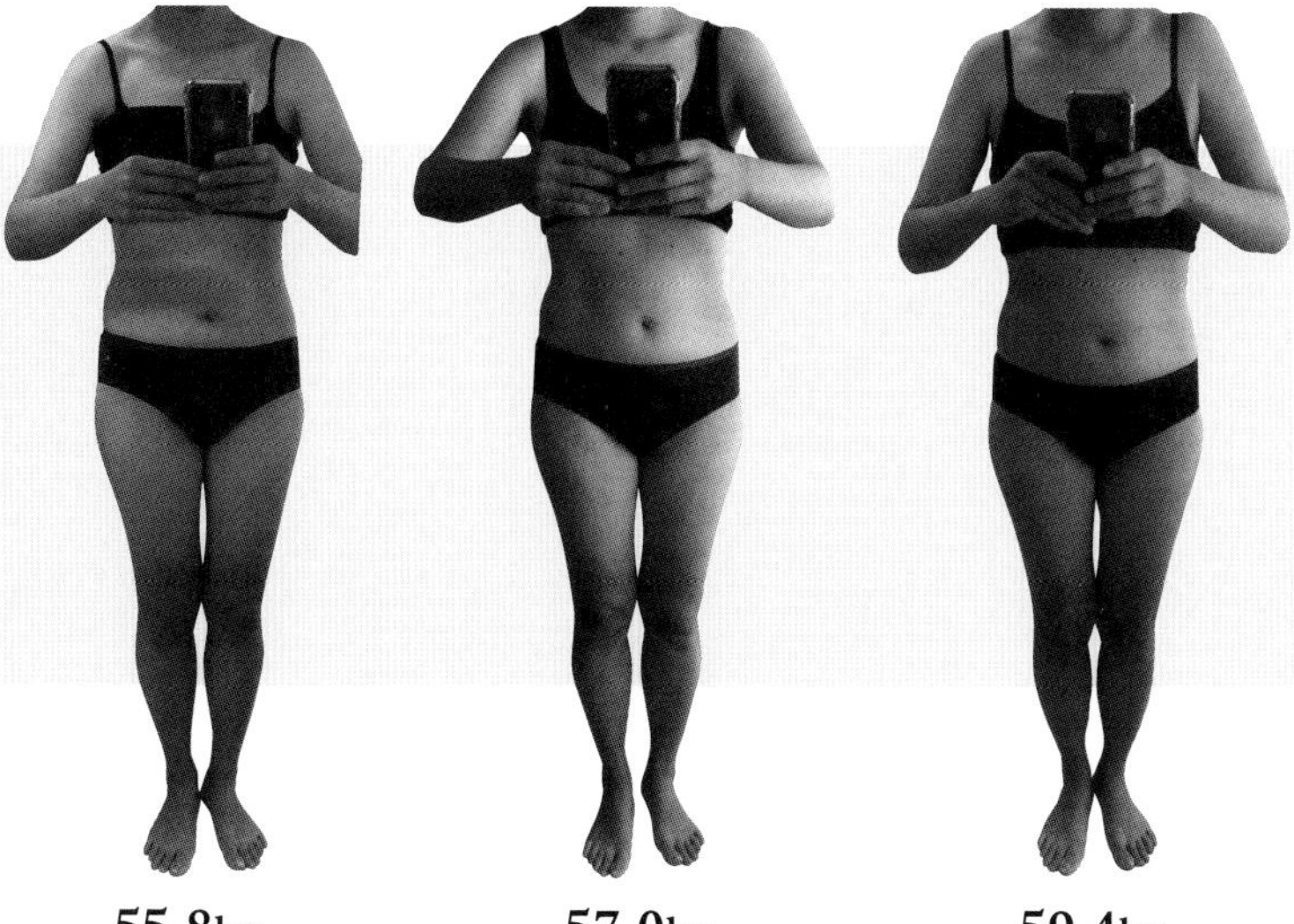

55.8kg　57.0kg　59.4kg

DAY 3

眠気なし。
身体が軽い。
ポテトチップスを食べたい欲求に襲われる。

DAY 2

睡魔、空腹感あり。
デカフェを摂取。
唾液が増えた気がする。
おへその形が少し縦長になった。

DAY 1

空腹感と寒気あり。
ルイボスミントとデカフェを摂取。

The Magical Lymphatic Diet

Chapter

2

なぜやせる？

毎日の関節まわしでデトックス

関節をまわしてリンパを流す！
それが「やせ」のメカニズム

関節をまわすことで、実はやせるのです。

そのメカニズムは、関節をまわすことによって、血液もリンパの流れもスムーズになり、体内に溜め込んでしまった老廃物を排泄《はいせつ》できるようになるため、むくみが取れ、やせスイッチが入るからです。

つまり、関節をまわす↓関節がゆるむ↓血流がよくなる↓リンパが流れる↓老廃物が排泄される↓むくみが取れる↓めぐる身体に↓やせた身体をキープといった具合に身体はすべて連動しているのです。

そればかりではなく、身体の機能性がアップしたり、さまざまないいことがあるのです。

中でも「首」をまわすことで顔のむくみを取ることができ、小顔になります。顔のむくみを取りたいならまずは首をまわし、可動域を広げることが大切なのです。顔に溜まった老廃物を排泄しやすくするためにも、首コリ・肩コリを解消しやすくするためにも、常に大きくまわせるように意識しましょう。

「肩」をまわすことで上半身全体を整えることができます。骨格はもちろん筋肉にもアプローチでき、猫背の改善や美姿勢を保つことができます。おへそを中心に縦方向に身体の中心を伸ばすことができ、胸も左右に開くことができるため、胸腺も刺激でき免疫力もアップします。そして自然に肋骨が引き上げられ呼吸が深くなり、ウエストのくびれも美しくなります。

「腕」をまわすことで肩甲骨が動き、脇や首まわりのリンパ節を開くことができ、背中全体の筋肉が刺激され血流もアップし、リンパの流れを促進してくれます。肩甲骨を動かすことによって、肩甲骨や首、鎖骨、脇の下、腰まわりにある褐色《かっしょく》脂肪細胞が活性化され、身体に蓄積させた脂肪を燃焼させることができます。

「股関節」は、立つ・歩く・座る・走るなどの動きを担う大切な関節なので、まわすことでそれらの機能性がアップします。脚全体の老廃物を流し入れる鼠径《そけい》リンパ節と下腹にある腸腰筋《ちょうようきん》にダイレクトにアプローチできるので脚全体に溜まってしまった老廃物を排泄しやすくするため、脚やせに効果があるのです。

各関節をまわすことによって得られるうれしい効果は後述しますので、日々のケアに役立ててください。

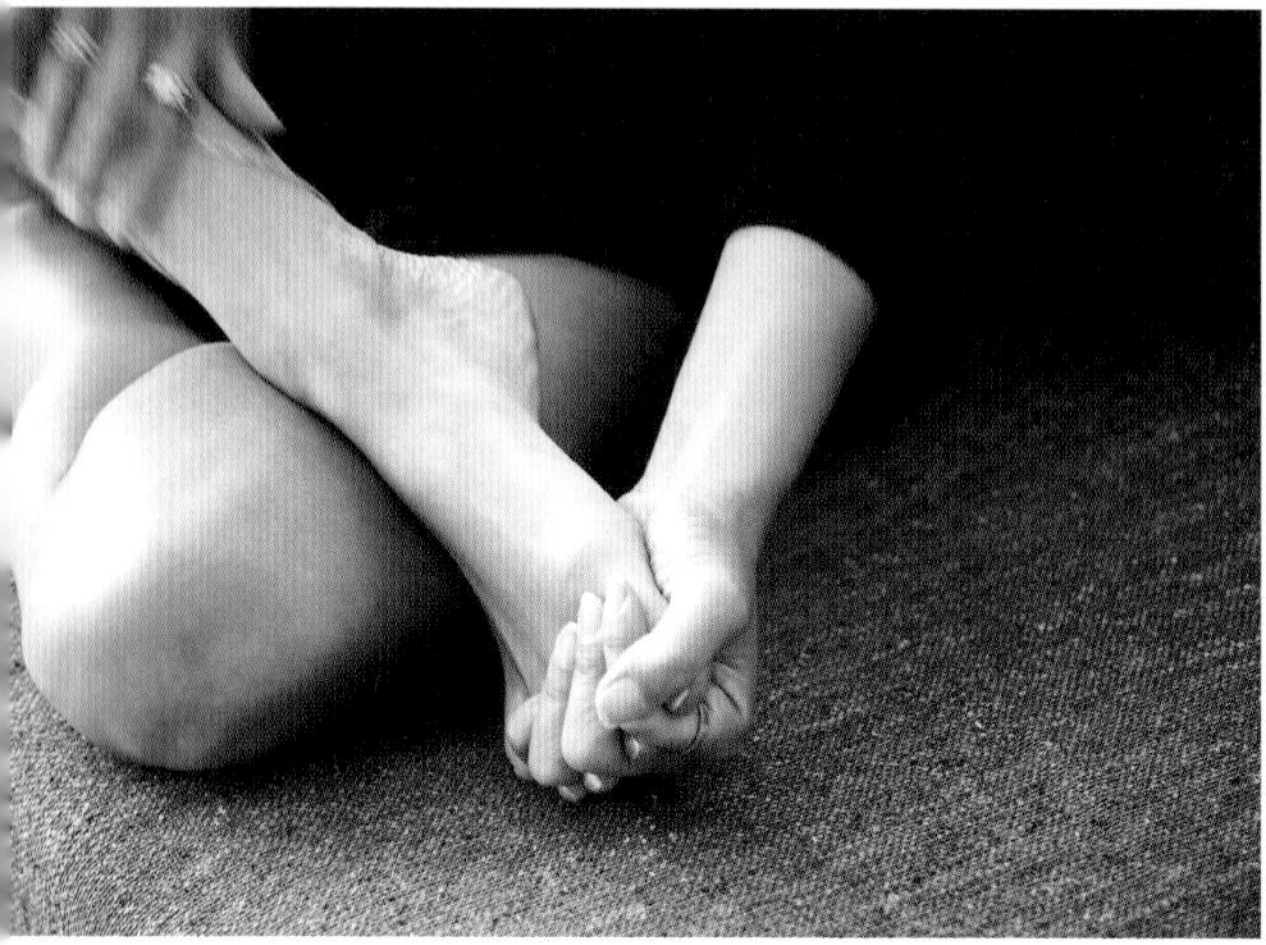

「関節まわし」のやせるプロセス

Start

1 : Turn
関節をまわす

↓

2 : Looser
関節がゆるむ

↓

3 : Blood Flow
血流がよくなる

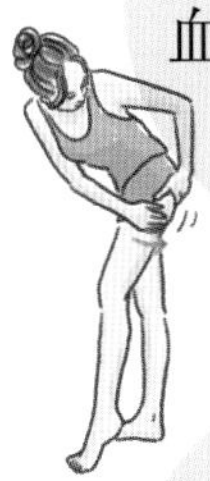

↓

4 : Lymph Flow
リンパが流れる

↓

5 : Body Wastes
老廃物が
排泄される

↓

6 : Dropsy
むくみが取れる

↓

7 : Circulating Body
めぐる身体に

↓

8 : Perfect Body
やせをキープ

Goal!

関節まわしでパーツやせも自由自在
自分らしいパーフェクトボディを実現

私が考えるパーフェクトボディとは、「女性らしい丸みがある」こと、「健康的であること」です。そのため、やせすぎは論外です。ダイエットに夢中になってどんどん細いだけの身体を目指すのは絶対ＮＧです。女性らしい丸みのあるボディ……つまり、適度な脂肪があり、締めるところは締まっているというのが理想なのです。

理想のボディを手に入れるために、ぜひ試してもらいたいのが「関節まわし」です。「関節？」って疑うと思いますが、実際に私がダイエットに成功したのは、足首をまわすこと……つまり、関節をまわすことだったのです。関節をまわすことで血液やリンパの流れが促進され、停滞していた老廃物や毒素が排泄され、引き締まっていきます。さらに、筋肉がゆるまることでおのずとボディラインが整うのです。この連動を理解すれば、「関節まわし」でパーツやせできることが分かると思います。

では、自分が理想とする身体を明確にしましょう。そして、その理想のボディを手に入れるために必要な「関節まわし」を知ることから始めましょう。

理想のボディは？

BUST

バストは ふっくら

女性らしさの象徴であるバストは大きさではなく、ふっくら柔らかいという質感がポイント。

⇩

「腕」をまわして、血行をよくする
「腰」をまわして、バストアップ

WAIST

ウエストは キュッと 引き締まっている

女性らしいメリハリボディはキュッとくびれたウエストが要。理想のボディを作るための重要なパーツ。

⇩

「肩」をまわして、骨盤を整える
「腰」をまわして、ウエストメイク

HIP

ヒップは丸くて キュッと 上がっている

まん丸のヒップは女性らしさの象徴。垂れ下がる原因は「冷え」！ ぶよぶよ解消には温めることが先決！

⇩

「股関節」をまわして、お尻の筋肉を刺激
「足首」をまわして、お尻に血液を送る

THIGHS

太ももは 多少太くて 柔らかい方がいい

太ももは、多少は太くないといけないパーツ。セルライトがなく、肌に張りがあるというのが絶対条件。

⇩

「腰」をまわして、太ももメイク
「股関節」をまわして、シェイプアップ

LEGS

美脚に 膝上の肉はNG

膝の上のたるみがあると脚は太く、短い印象に！ 膝をケアすると脚長効果はもちろん、美脚効果もアップ。

⇩

「股関節」をまわして、リンパの解放
「足首」をまわして、脚全体のデトックス

STUDY 01

Q. 首をまわすと？

A. 小顔・コリに効く！

小顔になり、コリが取れる

やせれば顔も小さくなるって思っていませんか？　私が15kgやせた時、顔は全く小さくなりませんでした。骨格のせいかと当時は思っていましたが、リンパマッサージを始めたとたん、どんどん顔が小さくなっていったのです。小顔になりたいならまずは首のケアをすること。耳下腺リンパをはじめ、耳の周り、アゴの下にはたくさんのリンパが集まっています。そして首には動脈と静脈が流れています。ですから首をしっかりまわすことによって血液やリンパの流れがよくなり、顔に溜まった老廃物やむくみが流れ、顔がスッキリします。首をまわすと身体のどこにどのような効果があるかを理解して行うことが大切です。

（ 効かせるトコロ ）

耳下腺《じかせん》リンパ

小顔になるためにもっともケアしなければいけない「耳下腺リンパ節」。ここが詰まっていると顔のむくみが取れず、逆にどんどん顔が大きくなってしまいます。身体と顔をつなぐ大切な部分なので、老廃物を排泄する道を開いく意味でも首をしっかりまわして、刺激して、通りをよくしましょう。

（ 効かせるトコロ ）

おとがいリンパ・顎下《がくか》リンパ

気になる「二重アゴ」の解消に効果があるのは、アゴからフェイスラインにかけて広がっている「おとがいリンパ節」と「顎下リンパ節」。首を大きくゆっくりまわすことでこれらのリンパ節が刺激され、リンパの流れる道が太くなり、流れが促進されます。小顔になりたいなら、まずケアすべきパーツです。

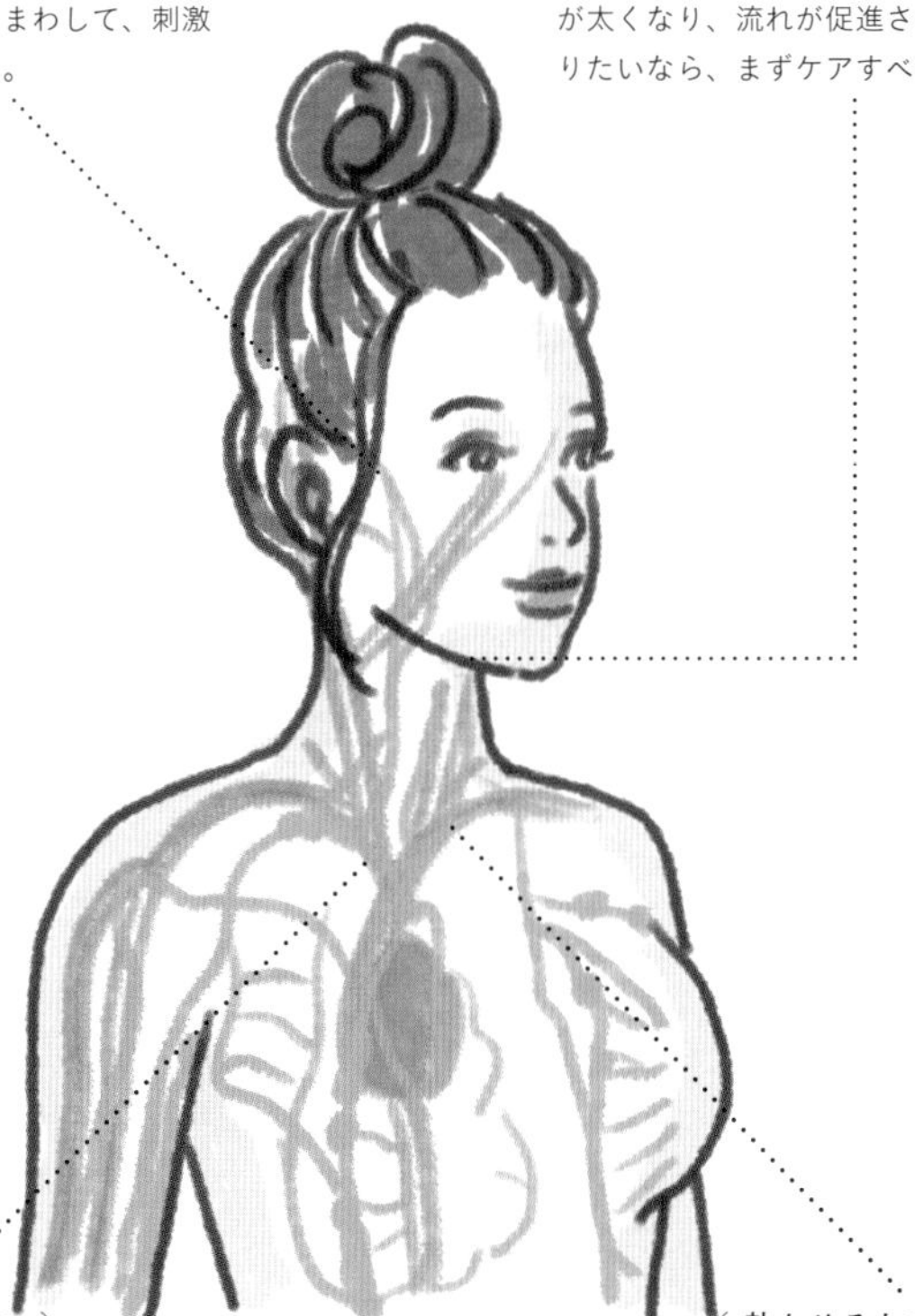

（ 効かせるトコロ ）

鎖骨リンパ

顔はもちろん、身体全体の老廃物や毒素はすべて鎖骨（左）に流し入れます。つまり鎖骨リンパ節は、ゴミの収集場所なのです。首をまわすことで肩関節や鎖骨が連動して動き、鎖骨リンパ節が刺激されて、老廃物が排泄されます。首をまわすことで肩関節や鎖骨がゆるまるため首や肩のコリの解消にもなります。

（ 効かせるトコロ ）

血管〜動脈・静脈〜

赤色で描かれた「動脈」は、全身に酸素や栄養を運ぶ役割を持ち、青色で描かれた「静脈」は、老廃物、疲労物質、毒素を全身から回収し、排泄する役割を担っています。首にある太い動脈・静脈の流れがよくなることで顔のむくみや肩コリや首のコリも解消しやすくし、全身の冷えの改善にもつながります。

STUDY 02

Q. 肩をまわすと?

A. コリ、背中、デコルテに効く!

EFFECT 1

鎖骨が浮き出る

肩をまわすと肩関節はもちろん鎖骨が連動し、ゆるみます。ゆるむことによって鎖骨リンパ節が刺激されて、詰まっていた老廃物が流れやすくなり、鎖骨がきれいに浮き出てくるため顔もスッキリ、デコルテも美しくなり、身体全体がスッキリ見えます。つまり鎖骨が浮き出るだけで小顔に見えるのです。さらには肩関節がゆるむことで呼吸が楽になるので、深く呼吸ができるようになり、体中に酸素が行き渡り、頭がスッキリし、リラックス効果が得られます。肩関節がゆるみ、肩甲骨の可動域が広がったことにより、肩甲骨と連動している骨盤の歪みが改善され、骨盤が立てられる感覚が分かるようになります。

（ 効かせるトコロ ）

鎖骨リンパ

P.47にも登場した鎖骨リンパ節は、肩をまわすことでも刺激されます。鎖骨リンパ節の詰まりが取れ、きちんと流れるとデトックス力がアップします。大きな変化は鎖骨がきれいに浮き出ることで女性らしいデコルテラインになること、そして、胸が開くことで呼吸がしやすくなることです。

（ 効かせるトコロ ）

肩関節

肩をまわすことで肩関節と肩甲骨の可動域が広がり、脇のリンパの流れが促進されます。さらに腕や背中の筋肉が正しく使えるようになり、背中全体が引き締まり、ウエストもスッキリします。肩甲骨と骨盤の動きは連動しているので、肩甲骨がゆるむことで骨盤の歪みも解消されます。

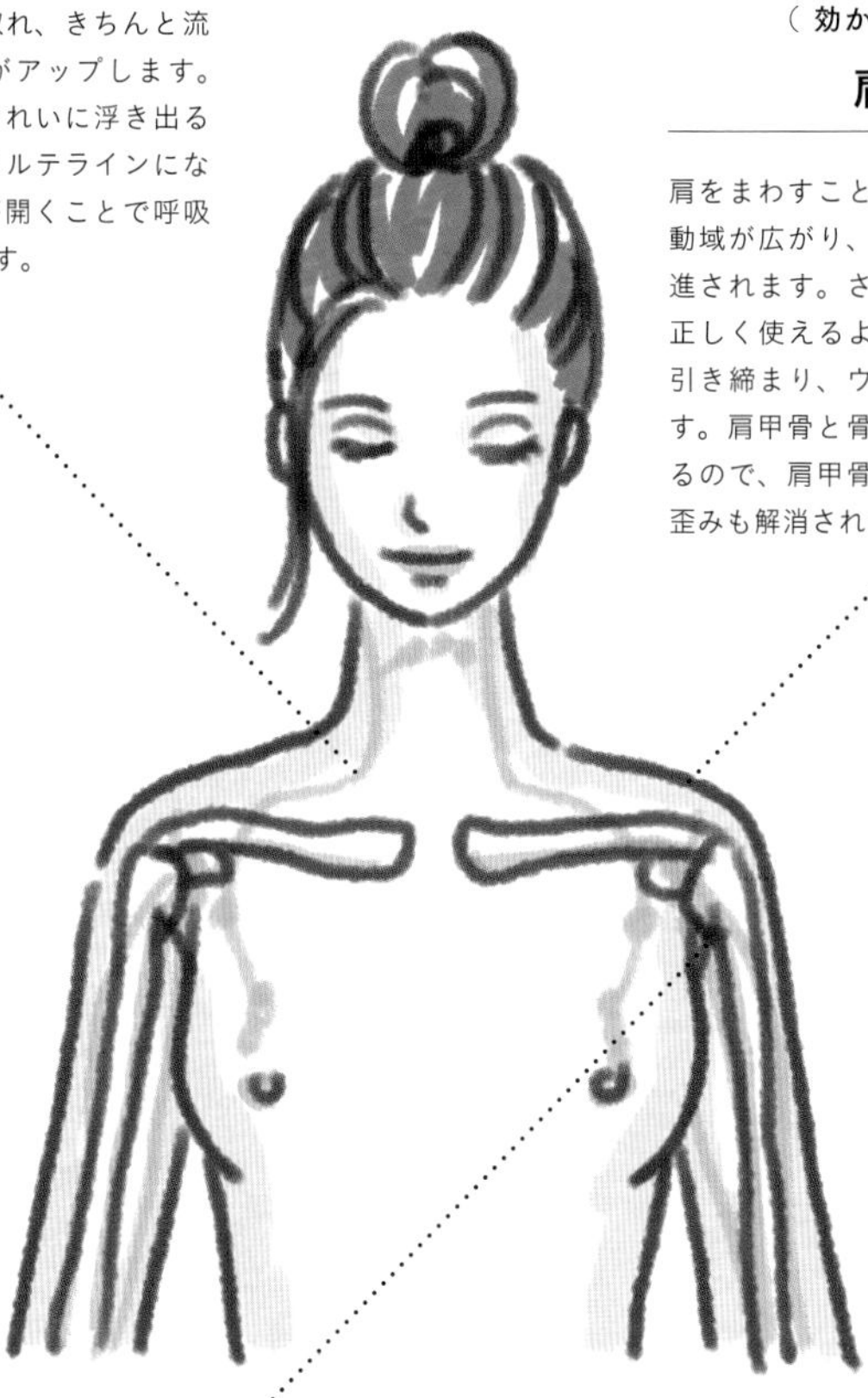

（ 効かせるトコロ ）

腋窩《えきか》リンパ

肩をまわすと脇の下に広がるリンパ、腋窩リンパ節が刺激されます。リンパの流れがよくなり、詰まりが取れるとバストの位置が上がり、肩コリも解消されます。リンパの流れがよくなれば老廃物の排泄がしやすくなるので、リンパ節をしっかり刺激し、通り道を作ることが大切なのです。

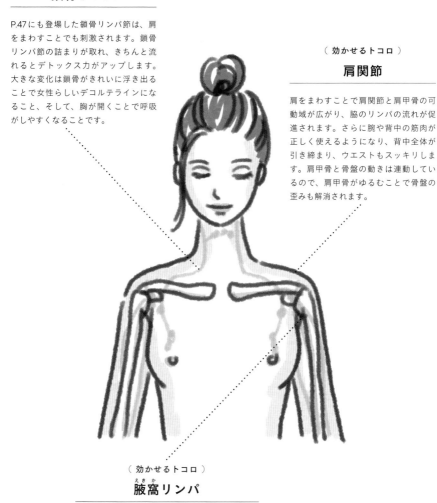

Q. 肩をまわすと?

A. コリ、背中、デコルテに効く!

EFFECT 2

背中の肉がごっそり落ちる

一度やってみてもらいたいのですが、腕を上げる時、肩の高さまでは肩関節で動かし、それより上に上げる時は肩甲骨で動かしています。この２つの関節をゆるめることで胸が開き、脇にある腋窩リンパ節が刺激され、さらには首や肩甲骨周りにある褐色《かっしょく》脂肪《しぼう》細胞《さいぼう》も刺激され、活発になります。褐色脂肪細胞とは細胞内で熱を生み出し、体温を上げ、その体温を一定に保ったり、脂肪燃焼にひと役買ってくれる素敵な細胞なのです。細胞が刺激されるとまず背中がポカポカと温かくなります。日常生活で腕を上げる動作はあまりないかと思いますが、意識的に腕を動かしたり、肩をまわすことでやせ体質に導く効果があるのです。

(効かせるトコロ)

褐色《かっしょく》脂肪《しぼう》細胞《さいぼう》

私たちの身体には、白色脂肪細胞と褐色脂肪細胞があり、褐色脂肪細胞は体内に蓄積された余分な脂肪を分解し、熱を発生させる細胞で全身のやせスイッチでもあります。首、肩甲骨、脇の下、腰の上にあり、刺激をすることで活発になります。刺激すると身体全体がポカポカし、食欲を抑えることができます。

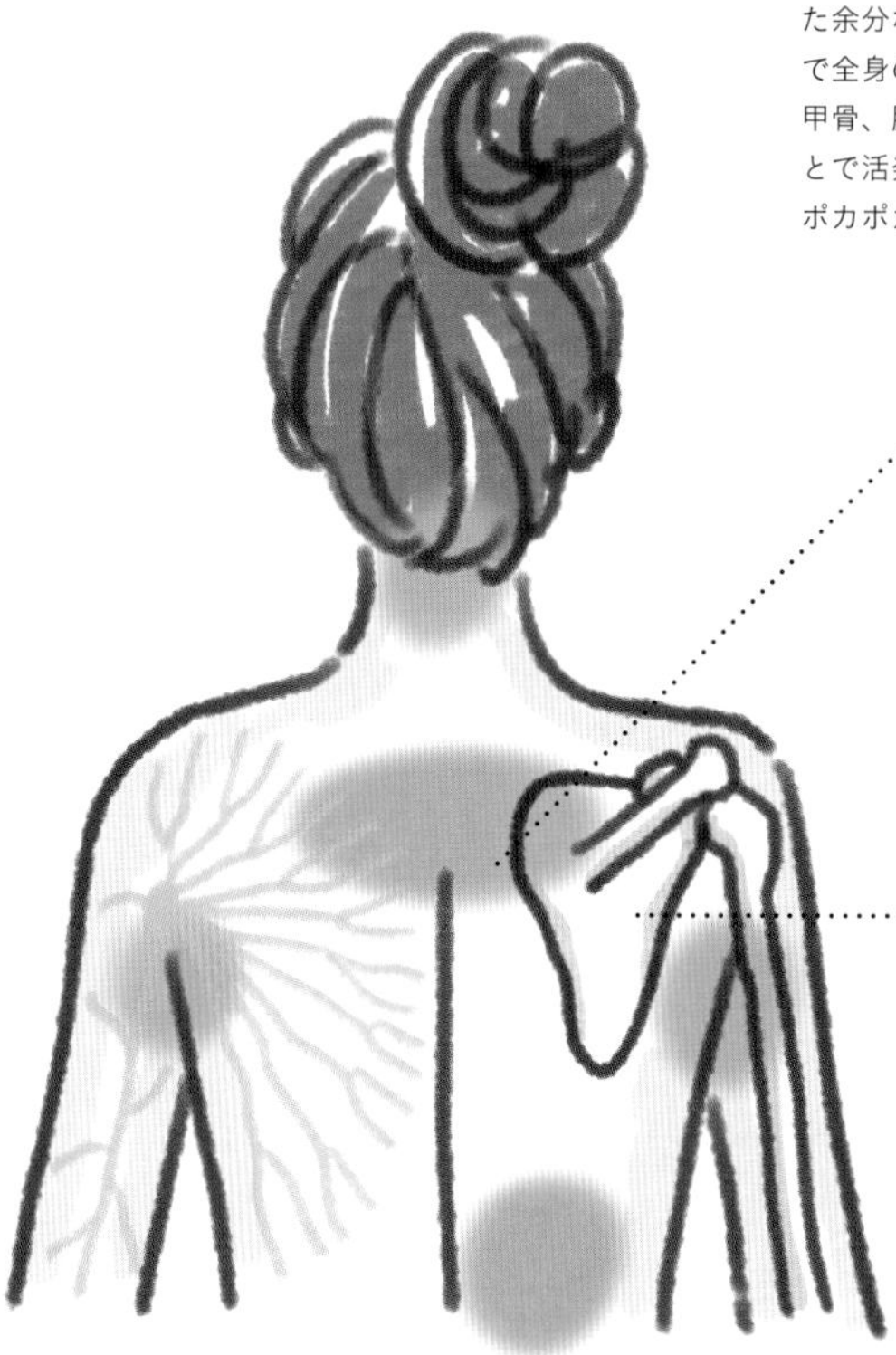

(効かせるトコロ)

腋窩リンパ

脇の下にある腋窩リンパが刺激されると、主に上半身に溜まった老廃物、毒素、疲労物質が排泄されます。腋窩リンパ節をしっかり刺激することで、背中に流れてしまった贅肉はあるべきところに戻りやすくなり、背中がスッキリします。バストアップ効果もあるのでゆっくり刺激し、ほぐしましょう。

(効かせるトコロ)

肩甲骨

実は肩甲骨は身体の中で一番可動域が広い関節なのです。肩をまわすことで肩甲骨・肩関節の可動域が増え、日頃スマホの見過ぎなどで固まった背中の筋肉や肩コリがゆるみ、ほぐれていきます。肩甲骨をしっかり動かすことでお腹から胸にかけてのストレッチができ、呼吸が深くできるようになります。

STUDY 03

Q. 腕をまわすと？

A. 二の腕、バストに効く！

バストアップ!!!

兎にも角にも脇の下にある腋窩リンパが詰まってくるとバストは下がる一方なのです。腕をまわすことで、脇の下がしっかり動かされ、腋窩リンパが刺激されます。さらには首や肩のコリによって硬くなったデコルテ部分の筋肉がゆるまることで柔らかくなり、バストを引き上げてくれるのです。背中に流れてしまったお肉もバストへ戻ってくれるのでハミ肉もスッキリ！　そして腕をまわすと胸が開き、胸腺が刺激されます。胸腺とは免疫との関わりがとても深い場所で、ここを刺激すると免疫力アップ効果もあります。さらに呼吸を意識をしながら腕をまわすことで肋骨が動き、横隔膜をしっかり動かせて、呼吸が楽になります。

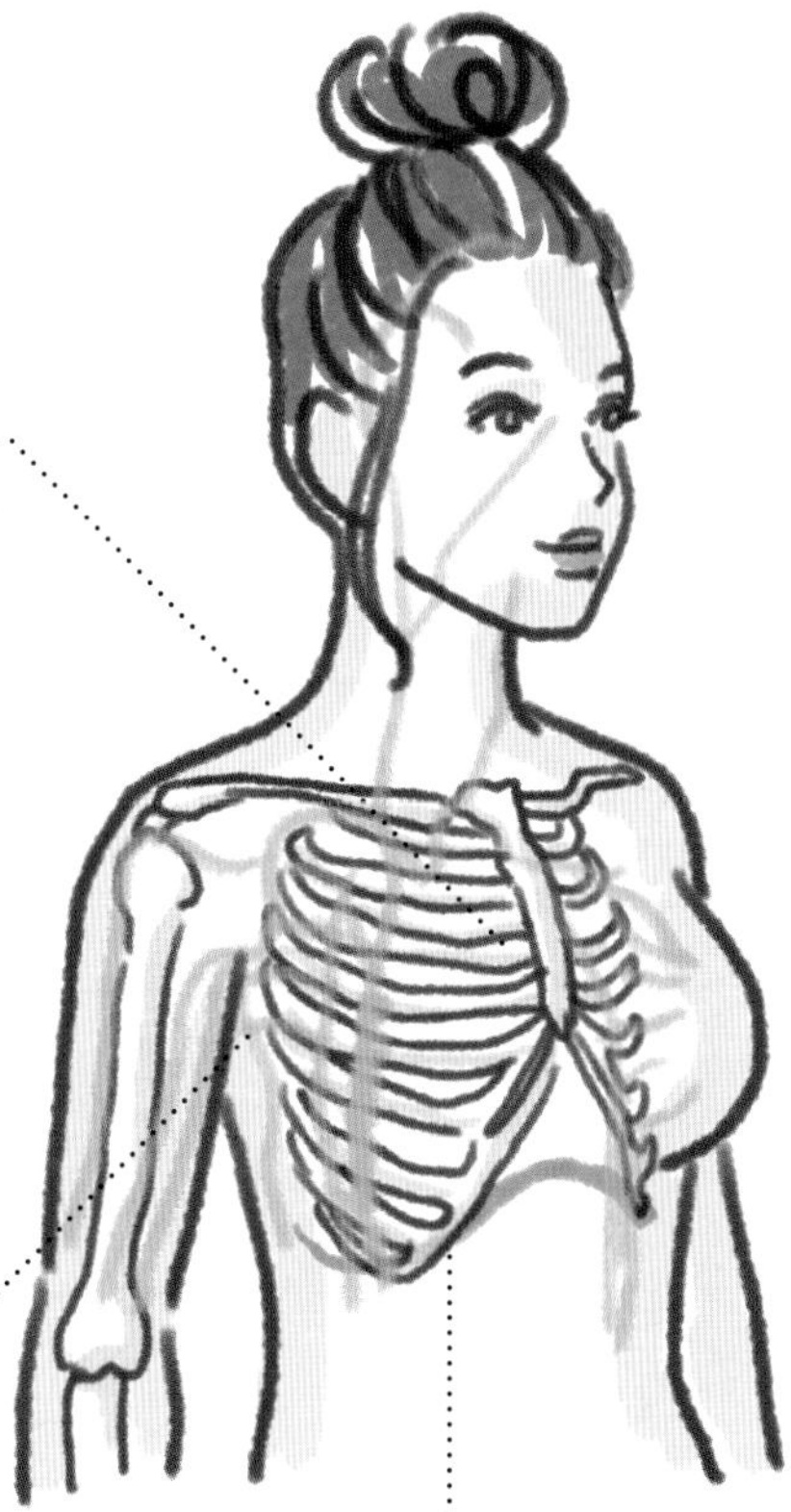

（ 効かせるトコロ ）

胸腺

胸腺とは免疫力を司る、胸の中心にある臓器です。腕をまわすことで胸が開き、肩や肩甲骨の可動域が広がり、血流がアップします。血流がよくなることで胸腺は活性化し、さらには呼吸が深くなり、全身に血液をめぐらせすことができるようになり、自律神経のバランスも整います。

（ 効かせるトコロ ）

腋窩リンパ

腋窩リンパ節の大きさはレモン大くらいで身体の深い部分にあります。手で刺激をするより、腕をまわすことで脇の下はもちろん、身体の側面もゆるみ、リンパの流れを促進できます。気になる二の腕や脇の下の贅肉はここを刺激すると解消され、血流がよくなることでふんわり形のよいバストになります。

（ 効かせるトコロ ）

横隔膜

横隔膜は私たちが生きていく上で大切な呼吸を作り出す大事な筋肉です。息を吸うと下がり、吐くと上がります。下がる時に内臓を押し下げ、肺が入っている胸郭が広がるため、たくさんの酸素が入ります。腕をまわし、胸が開くことで横隔膜の動きがスムーズになり、全身に血液がめぐり、体内が活性化します。

Q. 腕をまわすと？

A. 二の腕、バストに効く！

EFFECT 2

二の腕がほっそりする

腕をまわすと、腕のつけ根が温かくなりませんか？　それは筋肉が使われている証拠なのです。つまり腕をまわすことによって筋肉が伸縮し、刺激されているのです。また腕をまわすことで脇の下にある腋窩リンパ節・肘の内側にある肘リンパが刺激され、リンパの流れが促進。老廃物や疲労物質が取れ、自然と二の腕がほっそりしてくるのです。肩甲骨の動きもスムーズになり、肩コリや首コリも解消し、上半身が軽くスッキリします。余分なものを流し、筋肉ゆるめると同時に刺激することができるので、上半身が引き締まり、ラインが整います。肩甲骨が動くことで褐色脂肪細胞も活性化。脂肪燃焼を加速することができます。

（ 効かせるトコロ ）

腋窩リンパ

腕をまわして腋窩リンパ節をしっかり開くと、上半身に溜まっていた老廃物・疲労物質がグワッと流れ、腕全体が温かく、軽くなることを感じると思います。腕をまわすとき、手首を振ったり、指先を動かすことでより流れが促進されるので腕全体・手の指のむくみも取れて、ほっそりスッキリします。

（ 効かせるトコロ ）

肩甲骨

腕をまわすと肩関節が動き、腕を上げると肩甲骨が動きます。連動する関節を味方につけ、めぐりのよい身体に変えていきましょう。肩甲骨が動くと筋肉やリンパ節が刺激され、背中から脇にかけて、つまりは背中の側面がきゅっと引き締まり、ブラの上に乗っかっているあの忌々しいお肉もなくなります。

（ 効かせるトコロ ）

肘リンパ

あまり知られていませんが、肘の内側にはリンパが張りめぐらされています。腕をまわすと、腋窩リンパと肘リンパの両方を刺激でき、老廃物をより早く体外に流すことができます。タプタプした二の腕は老廃物を流し、少しの筋肉の刺激で解消できます。隙間時間に肘を動かすことで二の腕は引き締まります。

Q. 腰をまわすと？

A. ウエスト、腸内環境に効く！

EFFECT 1

ウエストがくびれる

　腰をまわすとウエストの脇で固くなった筋や、冷えて何層にもなってしまった脂肪が柔らかくなり、ほぐれていきます。不思議なことに柔らかくなると、みるみるウエストがくびれていくのです。それは腰をまわすことで肋骨と腰骨の間が広くなり、お腹まわりをしっかり伸ばしながら腹筋を引き上げることができるからです。腰からまわすため、お腹の大部分に位置する腸リンパも刺激でき、腸内環境を整えることができるため便秘改善にもなり、さらにお腹にある太い血管が伸縮するため血行促進にもつながります。腰は上半身と下半身をつなげる大切な部分なので、ここを動すことで全身によい効果がたくさんあります。

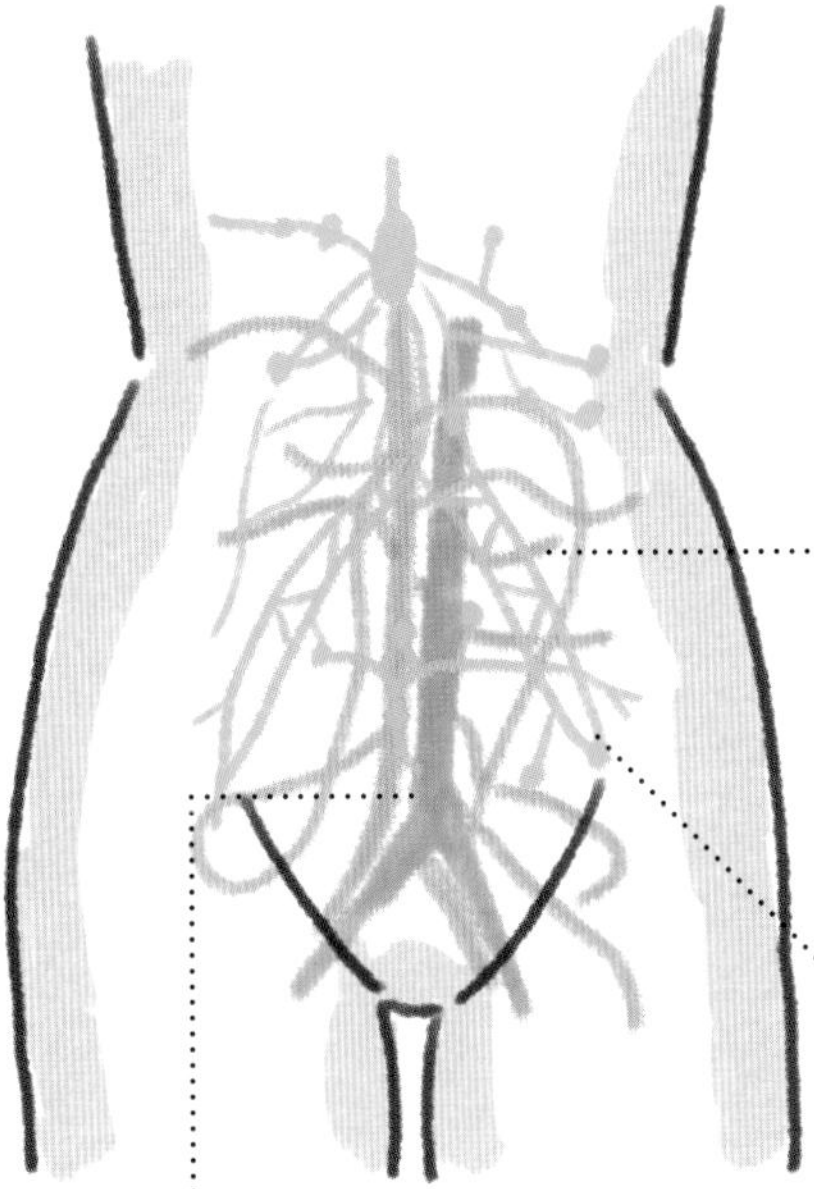

(効かせるトコロ)

腸リンパ

腸リンパはお腹の大部分に分布する大きなリンパ器官です。腸リンパの機能が落ちると脂肪が溜まりやすくなり、内臓脂肪が厚くなってしまいます。腰をまわすことで腸リンパを活性化させて腸内環境も整え、ぽっこりお腹を解消させましょう！　ウエストまわりもスッキリします。

(効かせるトコロ)

動脈・静脈

赤色で描かれた動脈は、全身に酸素や栄養素を運ぶ役割を持っていて、青色で描かれた静脈は、老廃物・疲労物質・毒素を全身から回収し、運び出す役割を担っています。動脈、静脈を刺激することにより、それらの作業効率が上がり、さらにはリンパの流れも促進してくれます。

(効かせるトコロ)

鼠径《そけい》リンパ

腰をまわすことで、脚のつけ根にある鼠径リンパ節の奥まで刺激することができます。脚全体に溜まった老廃物が流れ、脚のむくみが取れるのはもちろん、やせにくいと言われている太ももにも効果絶大です。腰をまわしながら腕を胸の前で組むと肩甲骨をゆるめることができ、骨盤の歪み解消も。

Q.腰をまわすと?

A.ウエスト、腸内環境に効く!

EFFECT 2

便通改善

お腹の大部分には腸リンパと呼ばれるとても大きなリンパ器官があります。腰をまわすことでみぞおち辺りからお腹全体、太もものつけ根にある鼠径リンパ節、さらにはお腹の真ん中を流れる太い血管(動脈と静脈)まで刺激することができます。すると血管が伸縮し→血行がよくなり→リンパの流れが促進でき→老廃物を体外にどんどん排出することができるのです。腰を大きくまわすように意識すると太ももやお腹、ヒップに効かせることができるので、メリハリのあるボディラインを作ることができます。さらに腸の蠕動運動が促進されることにより、腸内環境がよくなると、相乗効果でお肌の調子もよくなり、美肌も叶うのです。

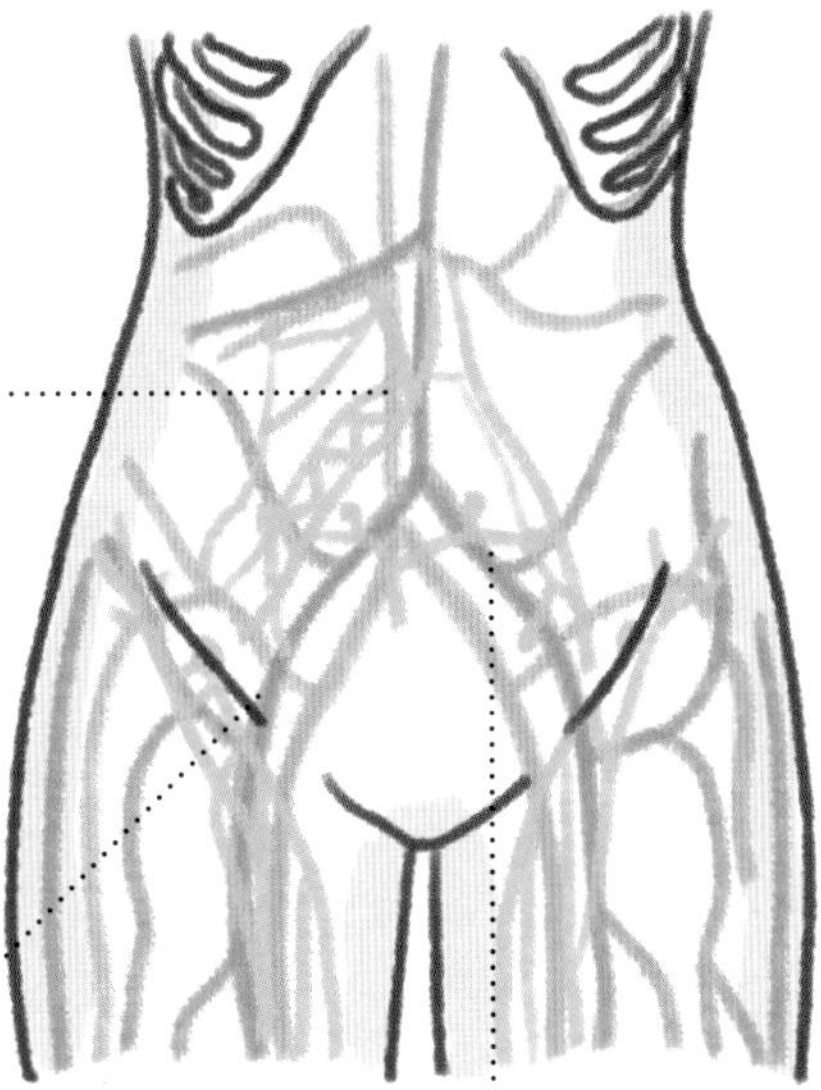

（ 効かせるトコロ ）

乳《にゅう》び槽《そう》

おへその上に位置する乳び槽は、腸リンパや鼠径リンパから老廃物や毒素・疲労物質などが流れ込み集まるタンクのようなものです。腸リンパを活性化させるためにもここをしっかり刺激しましょう。そうすることで脚のむくみが取れるだけではなく、腸の蠕動運動もよくなり、腸内環境も整えられます。

（ 効かせるトコロ ）

動脈・静脈

腰をまわすことでお腹にある太い動脈・静脈が伸縮し、血行促進をすることができます。お腹の深い部分まで刺激できるため、お腹全体が温かくなり、内臓の働きもよくなります。内臓、つまり五臓六腑が温まると全身が温まり、結果、冷え性の改善にもつなげることができます。

（ 効かせるトコロ ）

腸リンパ

腰を動かすことで腸の蠕動運動が活発になり、善玉菌、悪玉菌のバランスが整って腸内環境がよくなり、便通改善にも繋がります。腸内環境がよくなると消化吸収がよくなり、全身の栄養吸収も促され、新陳代謝もアップ。健康も美肌もやせ体質までもが手に入ります。

STUDY 05

Q.股関節をまわすと？

A.お尻、脚に効く！

EFFECT 1

脚が細くなる

股関節をまわすと、太ももつけ根にある鼠径リンパが刺激されるので、脚全体の老廃物や溜め込んだ水分がどんどん流れ出て、ほっそりしてきます。また股関節をまわすことは腸腰筋という下腹の奥の筋肉を使うので、脚の全体の筋肉のバランスが整い、脚のラインがキレイになるだけでなく、歩き方も美しくなります。歩き方が変わることで引き締まった美脚を手に入れることもできるのです。そして股関節まわしをすることで、片足立ちでバランスを取るため、足裏の筋肉を使えるようになり、足の３つアーチが出現したり、お尻の筋肉に刺激をすることができ、キュッと上がったお尻を作ることもできるのです。

(効かせるトコロ)

骨盤

骨盤は5つの骨で構成されています。股関節をまわすことにより、それらひとつひとつが少しずつゆるみます。そうすると身体に染み付いていた骨盤の歪みが取れて、正しい位置へ戻りやすくなります。そして骨盤が定位置に戻ると脚全体の筋肉を正しく使い、歩くことができるので美脚にもなります。

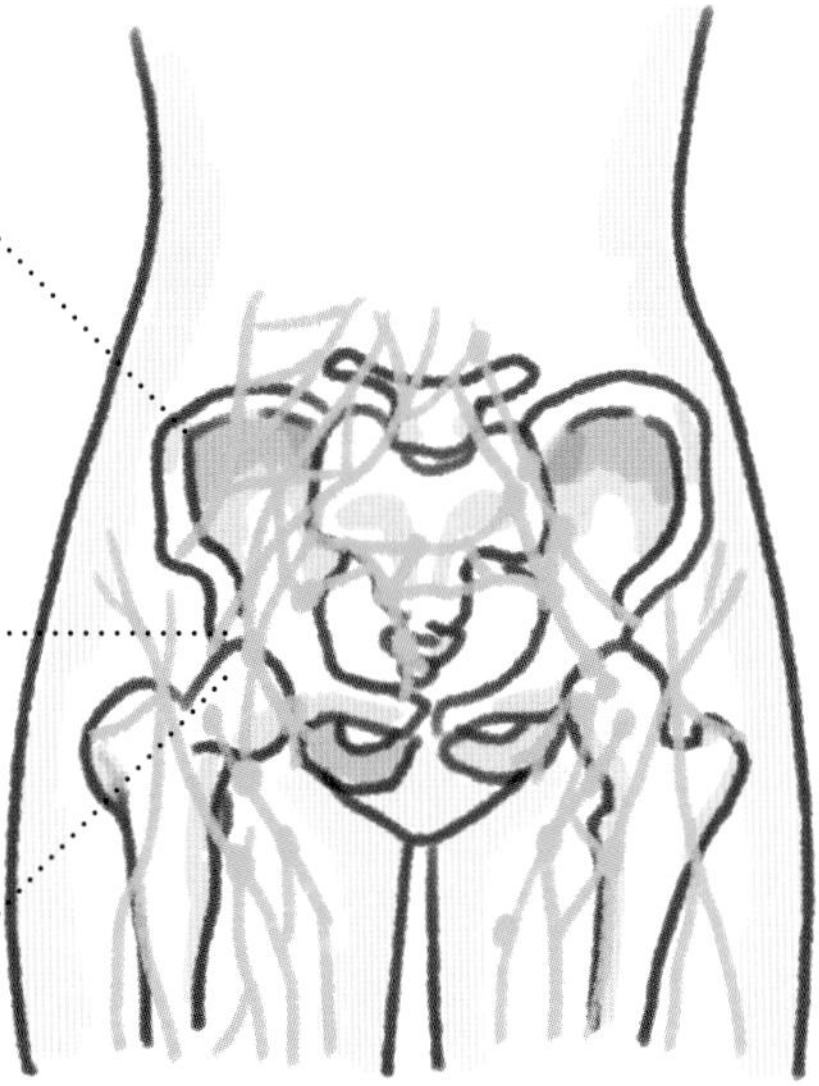

(効かせるトコロ)

鼠径リンパ

股関節をまわすとダイレクトに鼠径リンパへアプローチできるため、脚のつけ根にあるリンパ節が刺激されて、老廃物や毒素・疲労物質が流れて、むくみを解消することができます。脚全体がほっそりし、重だるさが取れ、脚が軽くなることを感じると思います。この状態を常にキープできると疲れ知らずに。

(効かせるトコロ)

股関節

股関節をまわして、ゆるませると股関節そのものの可動域が増えます。すると股関節から膝関節、さらには足首が正しく連動することができ、脚そのものの機能性が上がります。また歪みが取れるため、脚のラインがまっすぐになり、血液やリンパの流れもスムーズになります。

Q. 股関節をまわすと?

A. お尻、脚に効く!

EFFECT 2

小尻&ヒップアップ

股関節をまわすことで脚のつけ根をしっかり動かすことができるようになります。と同時に今まで使われていなかったお尻の筋肉が刺激され、上半身を支える力がアップし、姿勢がよくなります。姿勢がよくなると、骨格が歪みにくくなり、身体を正しく使えるようになるため、機能性を兼ね備えた筋肉を育てることができるのです。股関節をまわし、お尻の筋肉をしっかり刺激し、育てましょう。慣れてきたら脚を後ろに蹴り上げるように動かすと、よりお尻の筋肉（中臀筋）に効かせることができます。ヒップアップだけでなく、お腹まわりを引き締めることもできるため身体のシルエットが日に日に変わってくるのが分かります。

(効かせるトコロ)

中臀筋《ちゅうでんきん》

大臀筋の少し上、奥に位置するのが中臀筋です。中臀筋は脚を動かすのはもちろん、股関節を内側や外側に動かす、つまり内旋・外旋するのに欠かせない大切な筋肉です。そして正しい姿勢をキープするためにも重要な筋肉です。この筋肉が正しく機能すれば身体のバランスが取りやすくなり、ヒップアップ効果も期待できます。

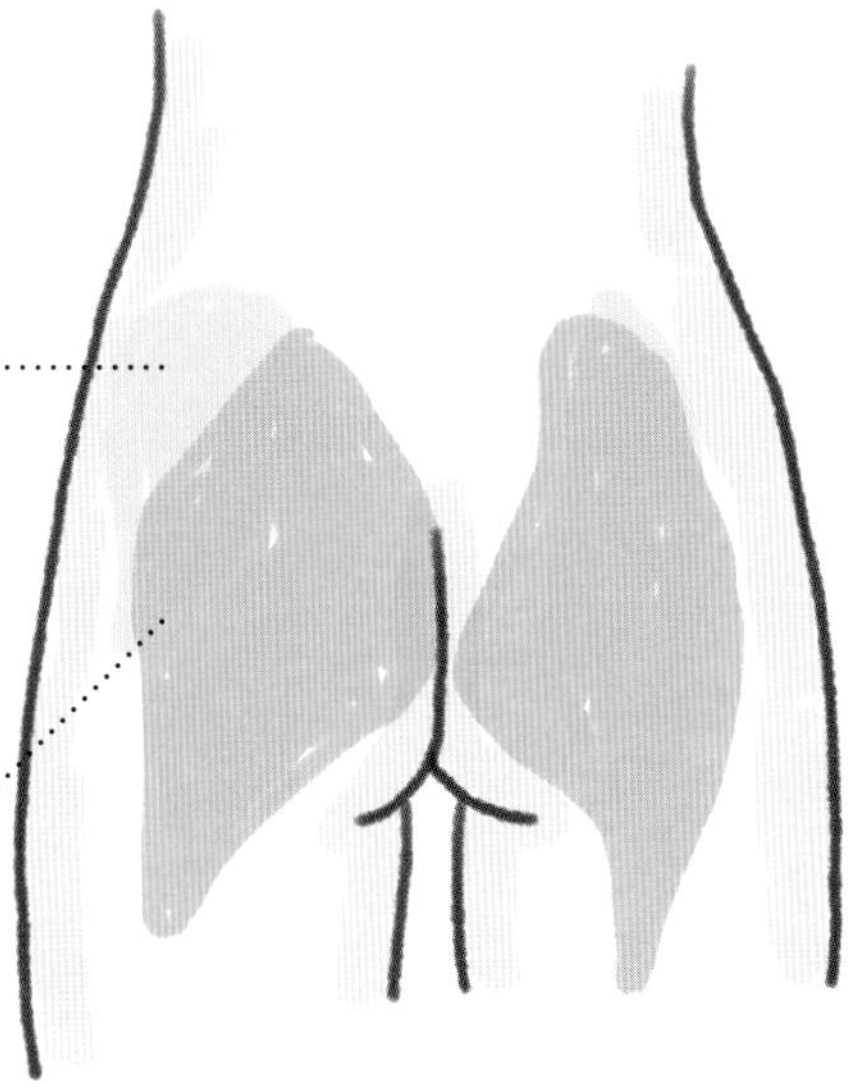

(効かせるトコロ)

大臀筋《だいでんきん》

お尻全体を覆うように位置し、身体の中で一番大きな筋肉、それが大臀筋です。まん丸でキュッと上がったヒップにするためにはこの大臀筋を整えるのが近道。股関節を大きくまわして大臀筋をまずゆるめることが大切です。この筋肉をしっかり使うことで新陳代謝も上がり、やせ体質になります。

STUDY 06

Q. 足首をまわすと?

A. すべてに効く!

すべてはここから

足は身体の土台である大切な場所。心臓から一番遠く離れているため重力の影響を一番受けやすく、老廃物がどんどん溜まってしまいます。そればかりか、身体を支えるために、足裏にある足底筋や28個の骨たちにも負担がかかるのです。だからこそ一番大切なのが足首まわし。足首をまわすことで足先まで血液がめぐり、まず冷えが解消されます。また足には細いリンパ管が網のように張りめぐらされているため、そこを刺激することで老廃物が流れ、足はもちろん全身がスッキリします。足を構成する28個の骨ひとつひとつをほぐせば、足裏の筋肉がゆるみ、身体のバランスが整い、姿勢もよくなり足の機能性が上がります。

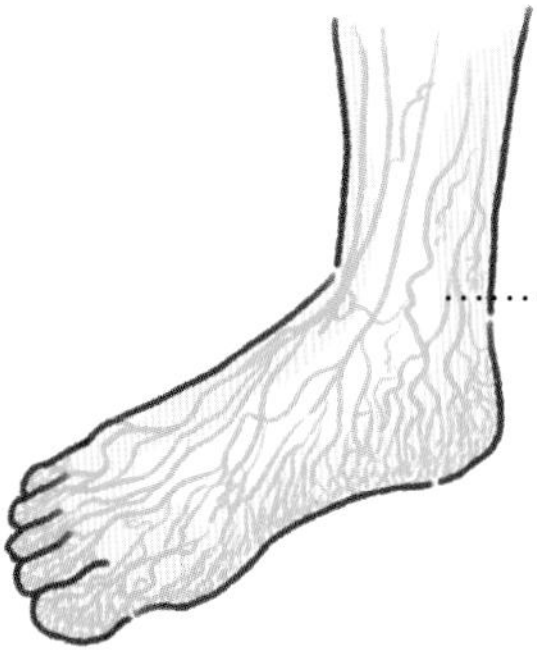

（ 効くトコロ ）

足のリンパ

足裏やかかと、指先にはまるで毛細血管のように細いリンパ網が張りめぐらされています。足首をまわすことでそれらのリンパの流れがよくなり、デトックス力がアップします。足は心臓から一番遠い場所にあるので、どうしても流れが悪くなりがち。足先のリンパの流れがよくなることで代謝を上げ、全身やせが実現するのです。

（ 効かせるトコロ ）

足の骨たち

足は28個の骨で構成されていて、それら28個の骨が正しく動くようになると全身の歪みを解消でき、血液やリンパの流れを促進することができます。足は身体を支える基本の部分なので、ここをしっかり整えることでおのずと全身が整います。足指を動かしてゆるめましょう！

（ 効かせるトコロ ）

足底筋

足裏には足底筋という筋肉があり、その筋肉によって3つのアーチが作られています。現代人はアーチが潰れてしまいがち。足首をまわして足裏の筋肉を刺激し、足指を動かすことで足の3つのアーチをよみがえらせると、全身のバランスが取りやすくなります。また足への衝撃も吸収されるので歪みにくい身体に。

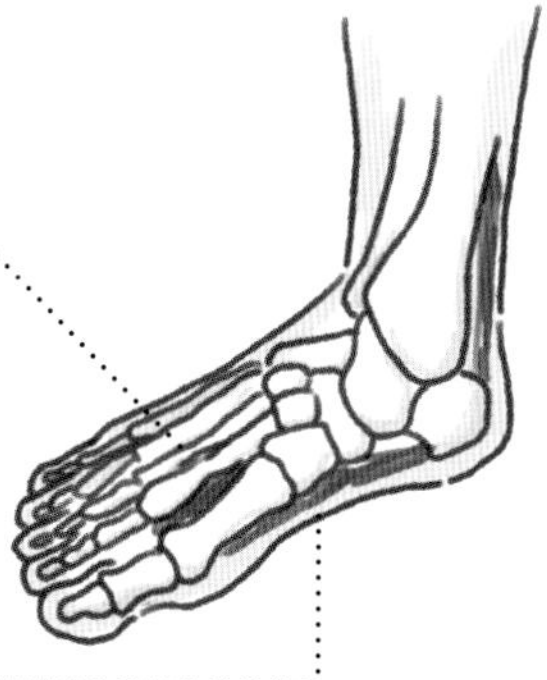

The Magical Lymphatic Diet

Chapter

3

実践!

久式関節まわし&
スペシャルケア

BASIC

-基本の関節まわし-

関節をまわすだけで、硬くなっていた関節が油を差したかのようにスムーズに動くようになり、可動域も広くなります。すると、おのずとリンパや血液の流れが促進され、日々、溜まっていく老廃物や毒素・疲労物質などを排泄しやすくなり、身体は確実に変わってきます。身体はすべてが連動しているので、ひとつが正しく機能し始めるとすべてが整っていくのです。5日間のファスティングで内臓をリセットし、「関節まわし」で血液とリンパの流れをよくすることで、ダブルの効果が期待できるのです。

BEFORE YOU START
始める前に……

今までの「久式メソッド」は、身体の土台である足から整えていくことを前提としていましたが、今回は足首からではありません。その理由は、ファスティングの効果をより一層アップできるように「めぐり」にこだわったケアだからです。

5DAYS RULES

1. 体重と自撮りで
スタート時の自分を把握する

2. どんな理由があれ必ず毎日行う

3. ながらまわしは禁止!!
効いていることを実感して

4. 呼吸は一定に保つ

5. 毎日理想のボディをイメージする

LESSON 1 × 5days

ウォーミングアップ

ゆるストレッチからスタート
まずは、ゆっくりゆるめましょう

回数 **ひと倒し10秒を右3回→左3回**

肩が上がらないように手で押さえて、首をゆっくり倒し、首筋を伸ばします。

頭のてっぺんと下ろした指先が引っ張り合うように伸ばします
耳と肩がくっつくように首は真横に倒します
下ろした手は少し後ろへ引っ張るように引きます

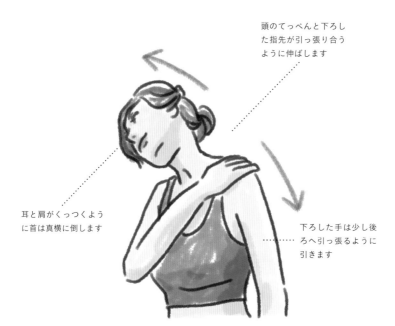

首まわし

首の7つの骨を動かすように、無理せずゆっくり大きくまわしましょう

脇がしっかり伸びているのを感じて
首が縮こまらないように力を抜きましょう
お腹をきちんと伸ばすこと。軸をしっかり保つことでまわしやすくなります

STEP 1

回数　ひとまわし8秒を左右交互に3回ずつ

後頭部で手を組み、肘を開きます。ゆっくりと大きくまわします。

目線は下げずに、ゆっくりと首を動かします
肩の力は抜いて、リラックスしましょう
胸が開くように意識して、腕は身体の横に！

STEP 2

回数　正面→右→正面→左をゆっくり5回

肩の力を抜き、首を左右に大きく動かします。

ウォーミングアップ

首から肩にかけてしっかり伸ばし、肩から腕全体をゆるめます

回数 右10秒3回→
左10秒3回

手を腰の後ろにまわし、手首を持ち、ゆっくりと引っ張ります。と同時に同じ方向へ首を倒します。

首筋から肩→二の腕→肘→手首が伸びていることを感じてください

引っ張られている方の脇から二の腕が伸びていることを感じて

手を持ち上げるように横に引っ張ります

肩まわし

リンパはもちろん、褐色《かっしょく》脂肪《しぼう》細胞《さいぼう》も刺激してやせ体質に

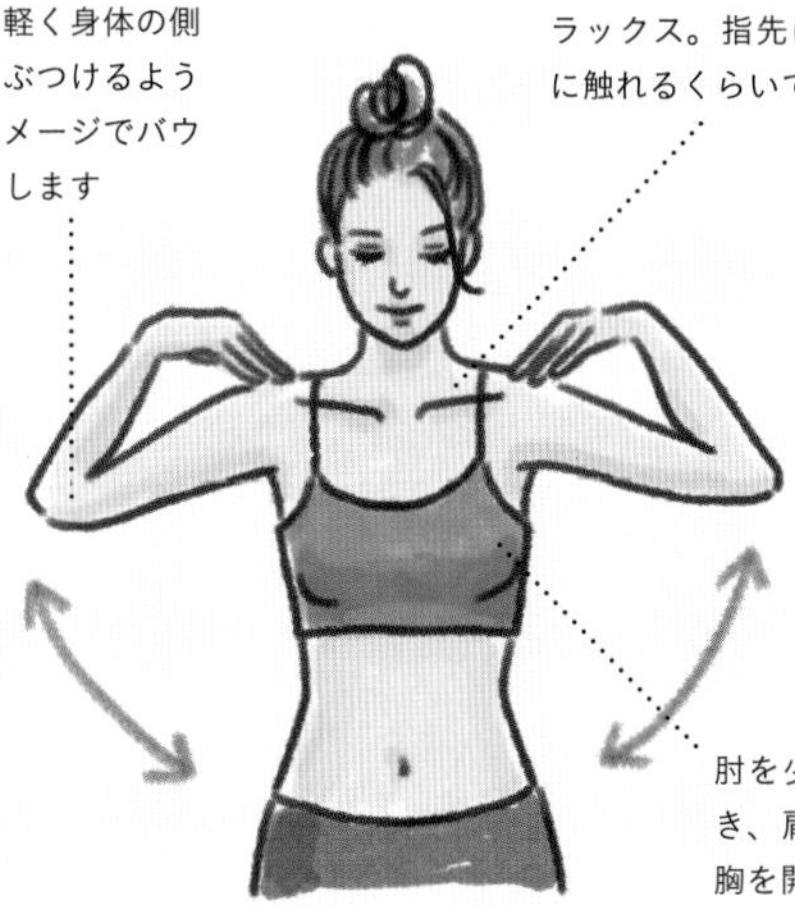
肘を軽く身体の側面にぶつけるようなイメージでバウンドします
肩の力を抜いてリラックス。指先は肩に触れるくらいで
肘を少し後ろ側に引き、肩甲骨を寄せて胸を開きます

STEP 1

回数 **バウンド5回×3セット**

肩に軽く指先を置き、肘をバウンドさせます。

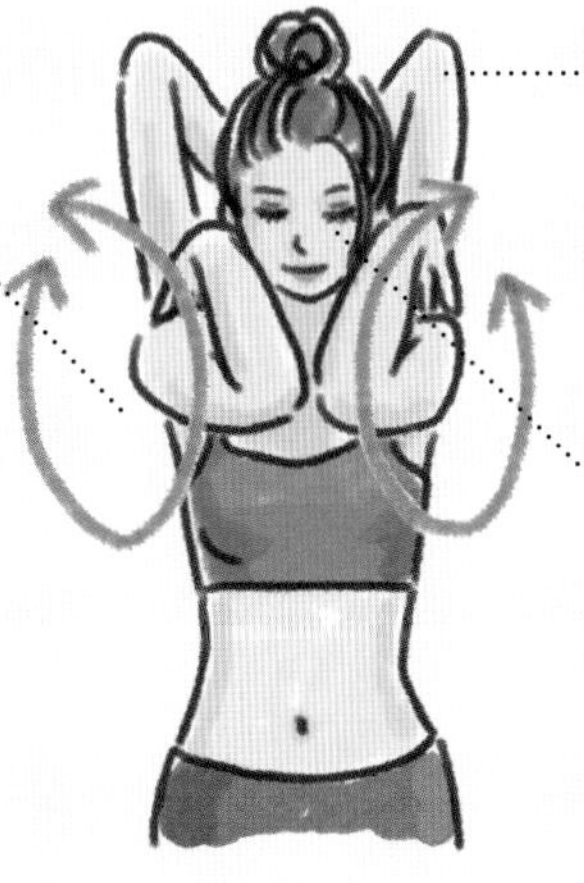
肘を開いた時は肩甲骨が中心に寄り、閉じた時は肩甲骨が開きます
肘で大きく、円を描くようにまわします
目を閉じて行うと大きくまわすことができます

STEP 2

回数 **ひとまわし7〜10秒を前後各3回ずつ**

STEP1のまま肘を前へスライドし、両肘をタッチ。そのまま肘を大きくまわします。

LESSON 3 × 5days

ウォーミングアップ

頭をしっかり下げて、手を上げ、腕のつけ根から動かしてゆるめましょう

回数 10秒×2回（1回目が終わったら一度体勢を戻し、深呼吸してから2回目へ）

頭を90度下げ、両手を上げて腕を左右に少し動かします。

手のひらは内側に向け、腕のつけ根から左右に動かします

脚の裏全体が伸びていることを感じて

頭を心臓より下にすることで、血液とリンパのめぐりをよくします

腕まわし

骨盤を立てて座り、
姿勢を正して行いましょう

STEP 1

回数　各10回×2set

目線は遠く前へ。腕をまっすぐ45度後ろへ引き、内側外側にまわします。

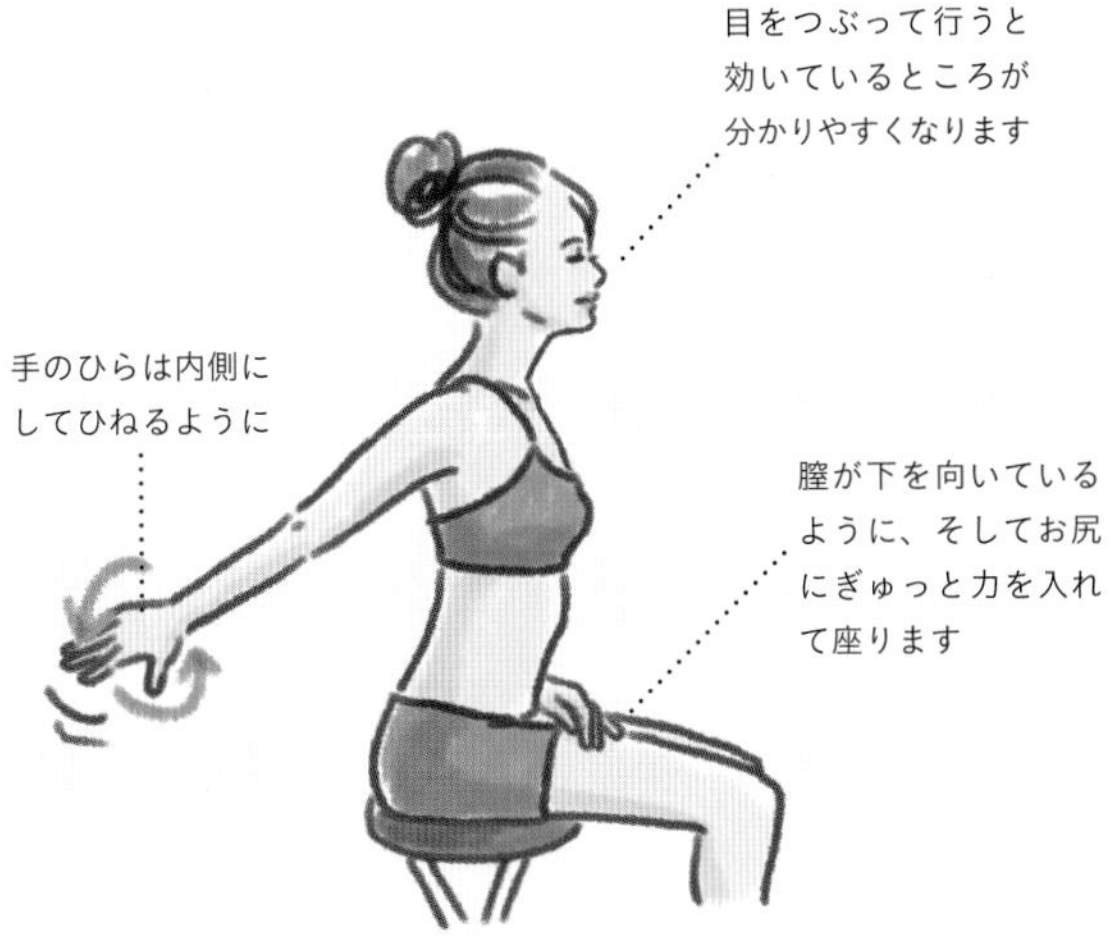

目をつぶって行うと効いているところが分かりやすくなります
手のひらは内側にしてひねるように
膣が下を向いているように、そしてお尻にぎゅっと力を入れて座ります

STEP 2

回数　各10回×3set

STEP1と同じ体勢で、片方ずつ腕を大きくまわします。

手のひらを下にした状態で、腕のつけ根から動かします
上半身がブレないように注意！
息は止めないように行いましょう

LESSON 4 × 5 days

ウォーミングアップ

身体の側面をゆっくり伸ばして、めぐりをよくしましょう

回数 **8秒かけて曲げる 左右交互に3回ずつ**

ウエストに手を置き、腰をスライドさせながら上半身を横にゆっくり曲げます。

目線を上に持っていくと前のめりにならず、しっかり真横に倒れることができます

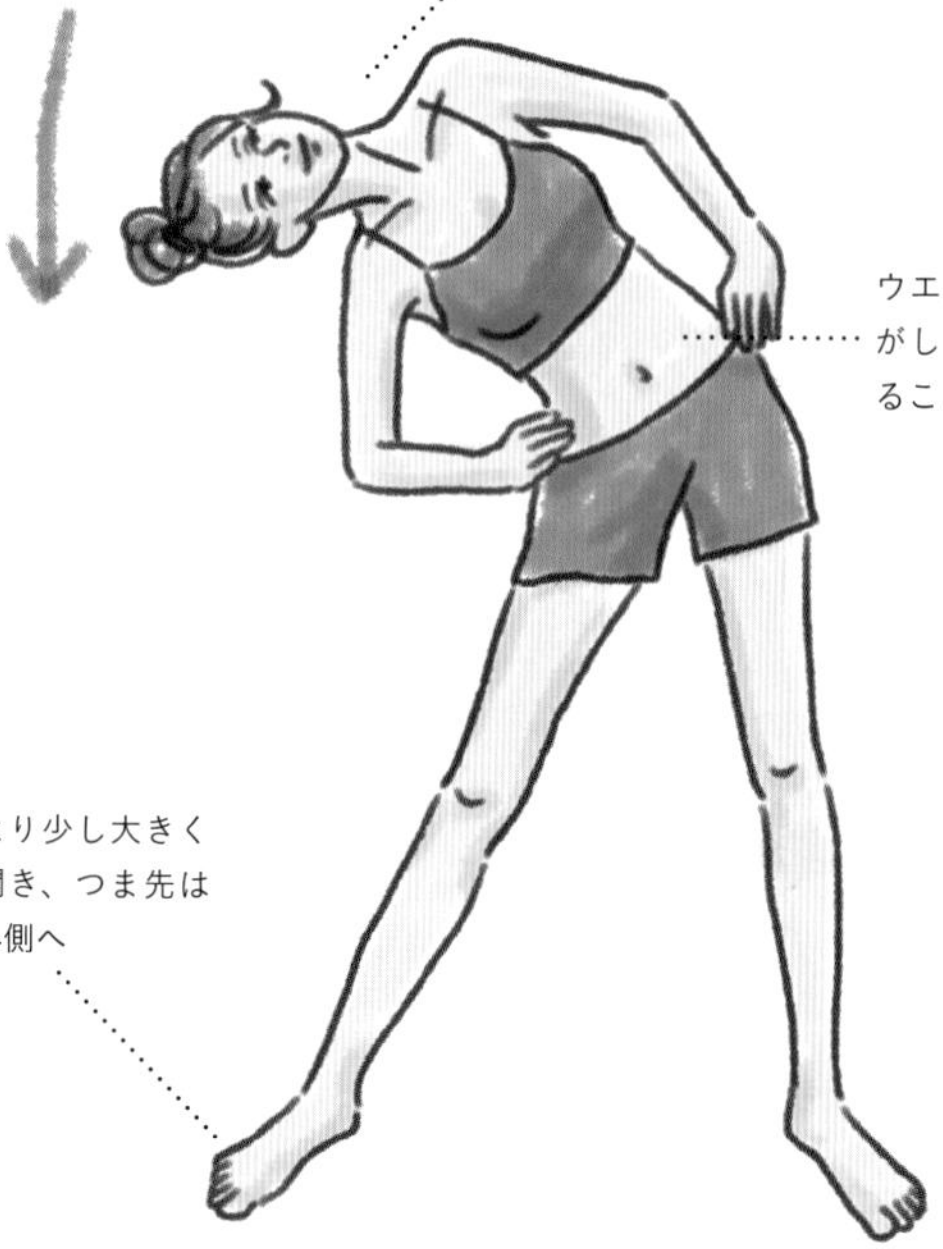

ウエスト、腰、お尻がしっかり伸びていることを感じて

肩幅より少し大きく足を開き、つま先は少し外側へ

腰まわし

ゆっくり確実に動かし、しっかりゆるめましょう

上半身が前に倒れてこないように注意しましょう
ゆっくり大きく、∞を描くように動かします

STEP 1

回数 10秒×3回

肩幅より少し大きく足を開き、ウエストに手を置き、腰骨で∞を描きます。

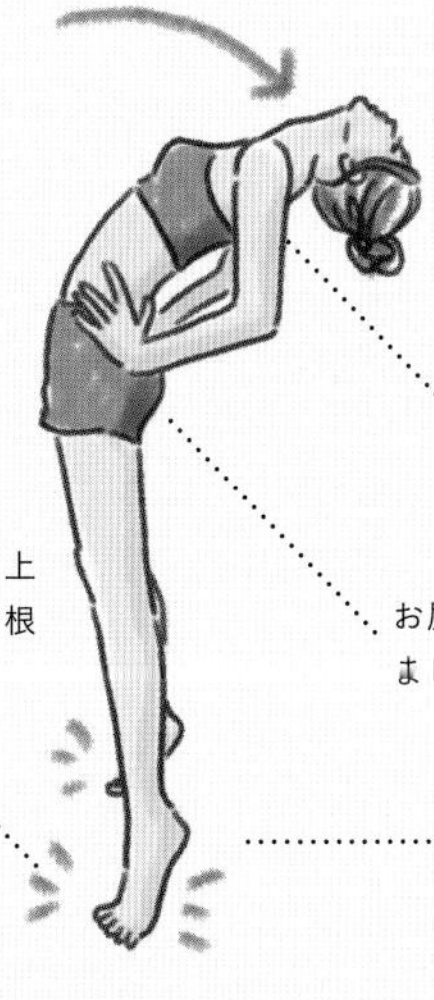
肘を開いて、肩甲骨を寄せると反りやすくなります
つま先をしっかり上げて、親指のつけ根で身体を支えます
お尻をきゅっと締めましょう
バランスが取れない時はつま先立ちをしなくてもOK!

STEP 2

回数 2〜3回

ウエストに手を置き、つま先立ちになります。安定したらそのまま上体を後ろに反ります。

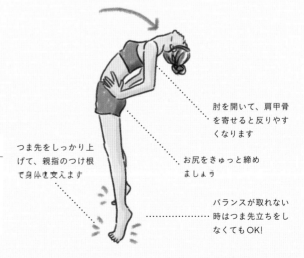

LESSON 5 × 5 days

ウォーミングアップ

股関節を開いて、上半身を倒し、鼠《そ》径《けい》リンパを刺激し、開きます

回数 8秒×3回

椅子に座り、膝に手を添えて脚を開き、そのまま上半身をゆっくり倒していきます。

おへそをのぞき込むように、息を吐きながら上半身を腰から曲げます

肘は開き、上半身が丸くならないように注意

つま先を立てると上半身を前へ倒しやすくなります

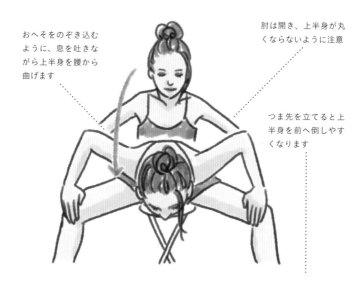

股関節まわし

脚のつけ根からまわすことで
リンパを刺激し、美脚へと導きます

背筋を伸ばして、頭のてっぺんを糸でひっぱれているようなイメージ

軸足はまっすぐピンと伸ばして

STEP 1

回数 各5秒間

足を揃えて立ち、ウエストに手を置きます。片足の膝をウエストの高さまでゆっくり上げ、膝を上下に動かします。

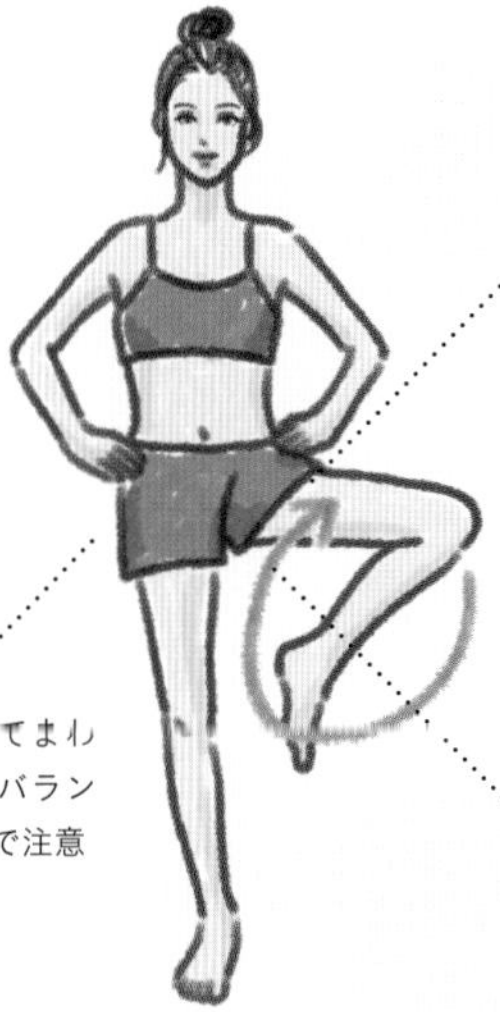

膝でまわすのではなく、股関節からまわすように意識します

脚を高い位置でまわそうとするとバランスが崩れるので注意

脚のつけ根から引き上げるように

STEP 2

回数 左右交互に3回ずつ

STEP1の姿勢のまま、膝で大きく円を描くようにまわしていきます。

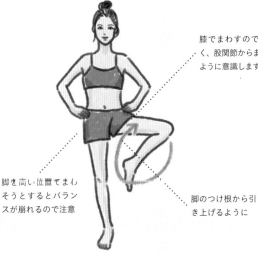

LESSON 6 × 5days

ウォーミングアップ

足はすべての基本です。いつでもどこでも、足先が冷たいなと感じたら行いましょう

回数 足が温かくなるまで

足首の中心の少し凹んだ場所を親指で強く押し動かして、柔らかくします。

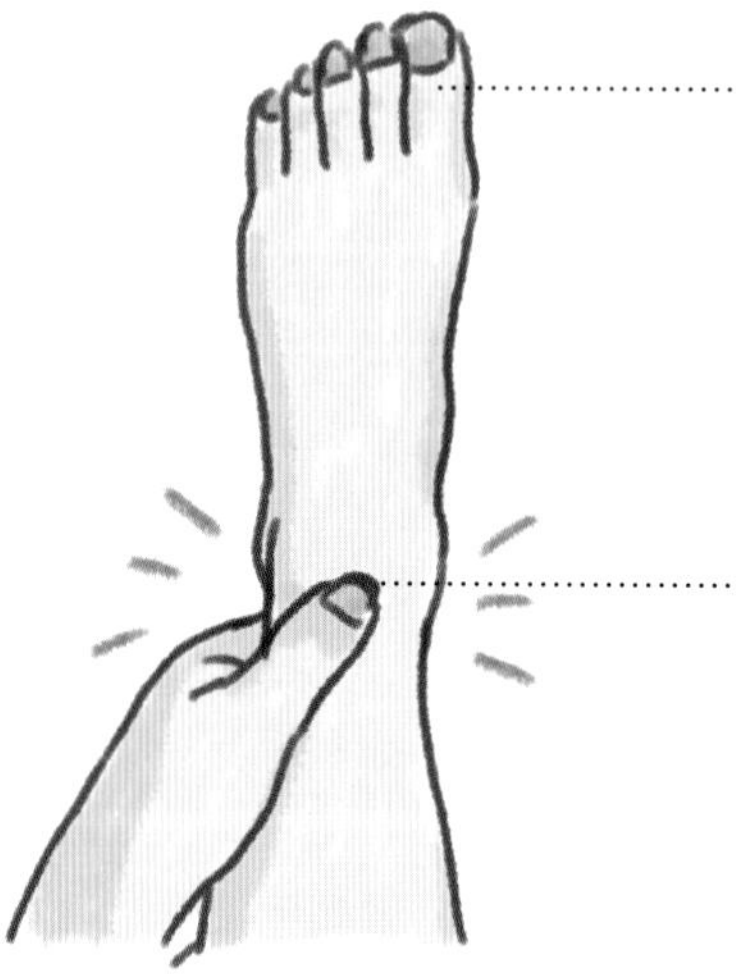
足の指をまるめたり伸ばしたりすると、ゆるみやすくなります
親指でやりにくい時は、中指と薬指で押してみて

足首まわし

すべての要となる足首まわしは回数の指定はありません 温かく感じるまで何回でもやりましょう

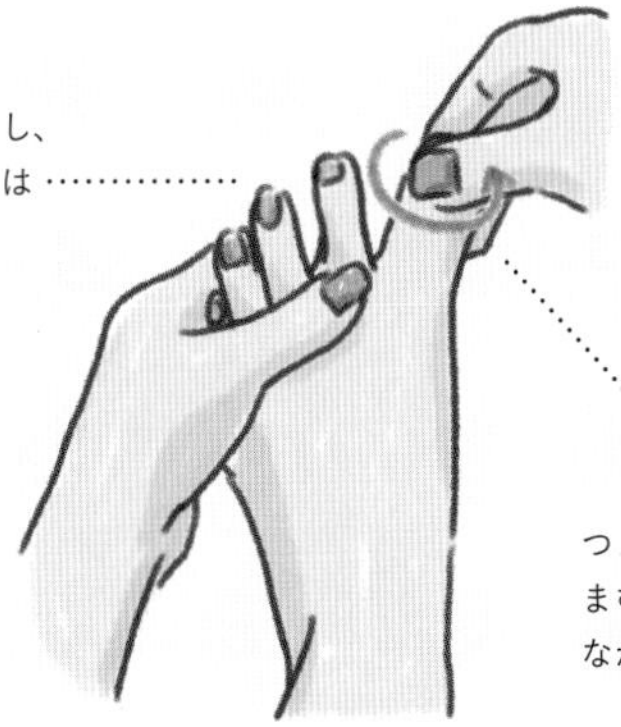
内まわし、外まわし、
まわしにくいほうは
入念に
つま先をぎゅっとつ
まむように引っ張り
ながらまわします

STEP 1

回数 足先が温かくなるまで

親指から順番に、一本一本を指のつけ根からていねいに大きくまわしていきます。

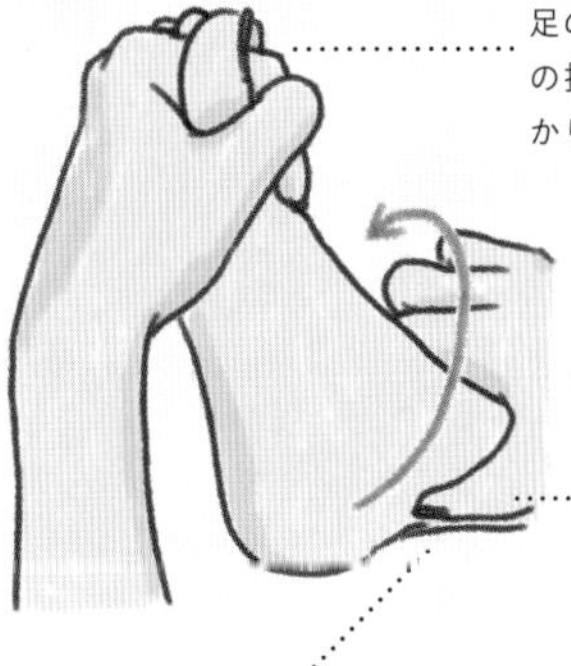
足の指と指の間に手
の指を入れて、しっ
かり握ります
内まわり、外まわり
両方まわします
くるぶしの横を押し
ながらまわして

STEP 2

回数 足先が温かくなるまで

手の指と足の指をしっかり組んで、くるぶしの横を押しながら、ゆっくり大きく足首をまわします。

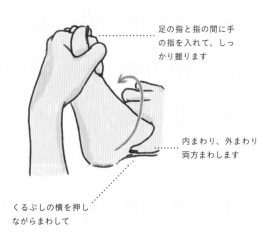

SPECIAL

-スペシャルケア-

マッサージと少しのエクササイズで気になるパーツのケアができます。闇雲に筋トレをすると歪んだまま筋肉がついてしまい、美しいボディラインとは程遠くなってしまいます。まずは歪みを取り、血液とリンパの流れをよくし、エクササイズやボディメイクマッサージをすることがパーツ強化の近道なのです。エクササイズではどこのパーツに効かせているのかを意識し、行うことで効果が倍増します。ボディメイクマッサージは脂肪を寄せ集め、リンパの流れに沿って行い、形状記憶させていくのです。

To Be More Beautiful

より理想のボディを目指して……

やせてもバストは落としたくない、カービィなヒップに憧れる、そんな時はファスティング中にこのスペシャルケアをプラスしてください。身体は引き締まっても柔らかなバストやヒップをキープできます。

＋α RULES

1. 基本はベーシックまわしの
ルールと同じ

2. ゆっくり正確に行う

3. 効かせたいパーツのみを行ってもOK

4. 時間がある時のみ
ベーシックに追加するのでもOK

5. 痛みや違和感があったら無理をしない

SPECIAL 1

STEP 1

手を上げて脇の外側の筋をつかみ、もんで柔らかくします。これだけでもバストアップします。

筋をつかめない人は肘を軽く曲げるとつかみやすくなります
痛くてもしっかりほぐしましょう
必ず下から上へもみましょう

STEP 2

あばら骨の間に沿って後ろから前へ、背中に流れた脂肪を胸へ戻すようにかき集めます。

下から上へ、後ろから前に動かします
指をしっかり開いて、指先に力を入れてかき集めます

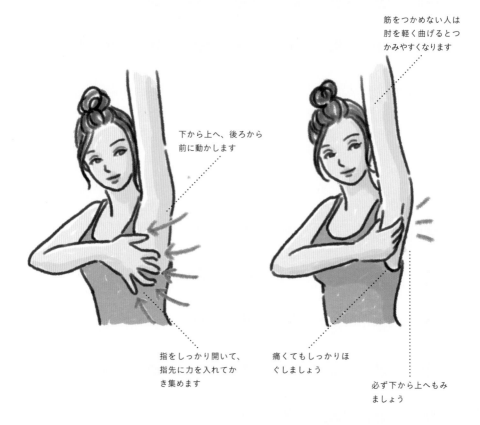

バストアップ

STEP 3

バスト上部分を、肩から胸の中央に向かって強めに押し、流します。ブラに乗るハミ肉を解消します。

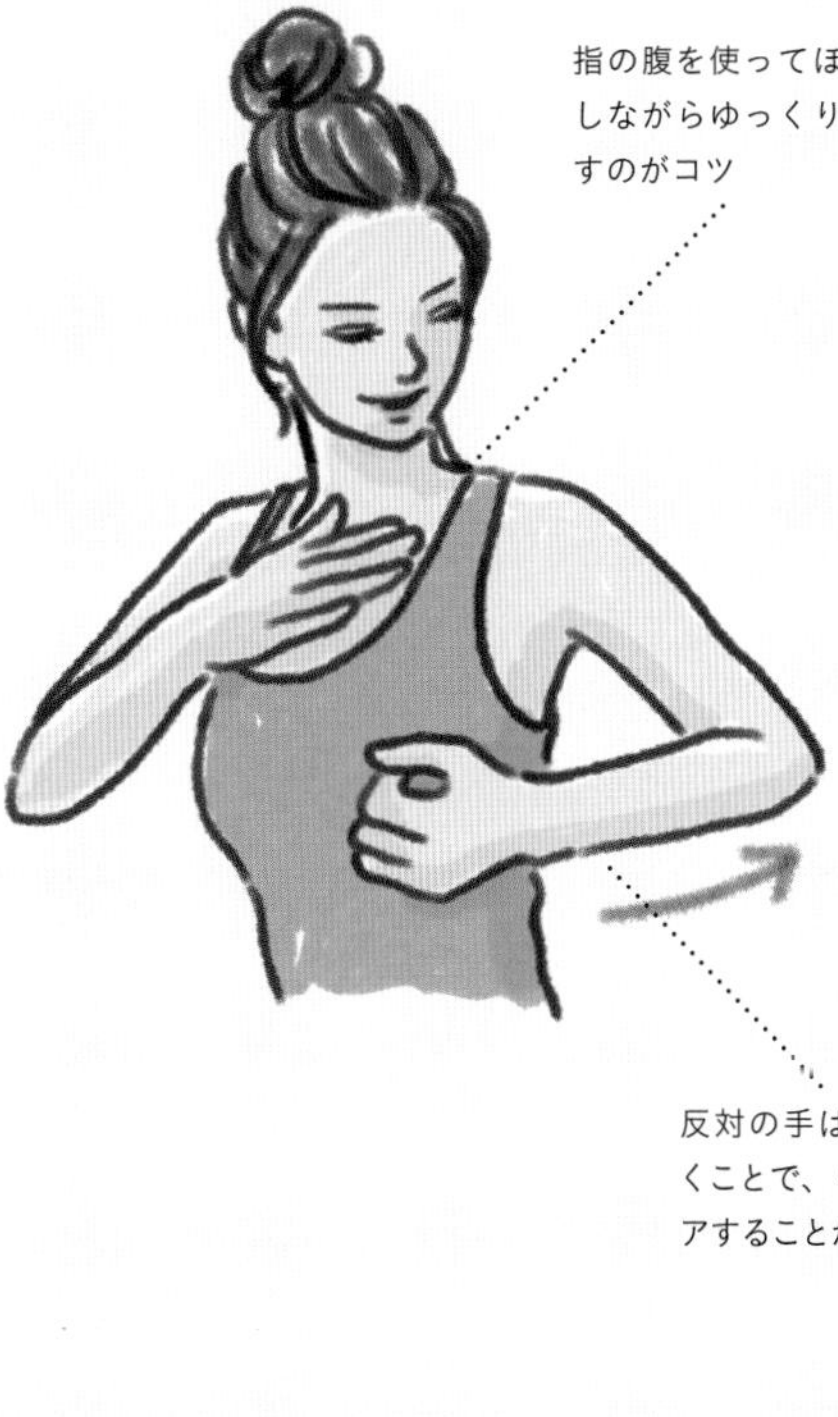

指の腹を使ってほぐしながらゆっくり流すのがコツ
反対の手は後ろに引くことで、くまなくケアすることができます

SPECIAL 2

STEP 1

腰に手を当て、ゆっくり息を吐きながら10秒かけてお尻を下げていきます。下げ切ったら少しバウンドして、お尻に効かせます。

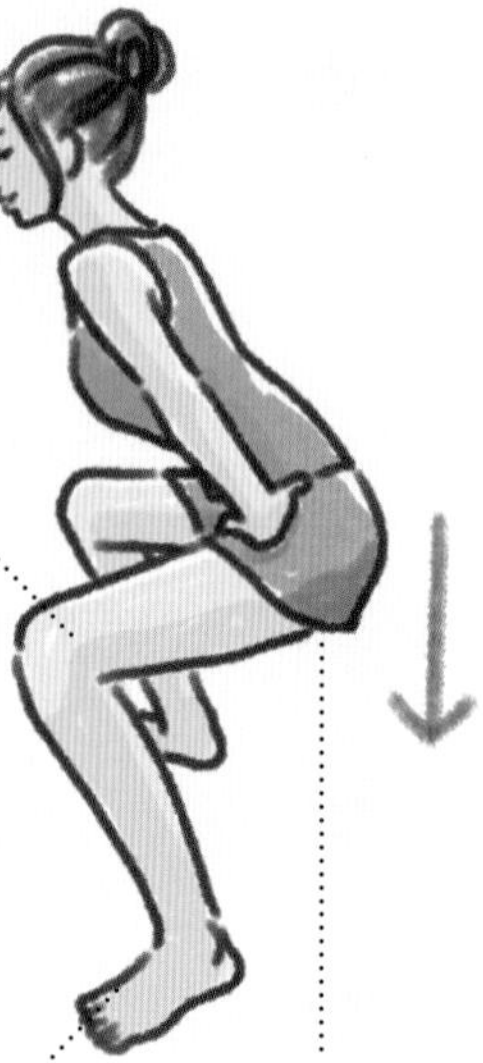

前太ももに力が入らないように

お尻に意識を集中しましょう

足は肩幅より大きく開くこと

STEP 2

腰に手を当てて脚を後ろにゆっくり上げていきます。上げられる限界まで上げたら、つま先を上下に揺らします。

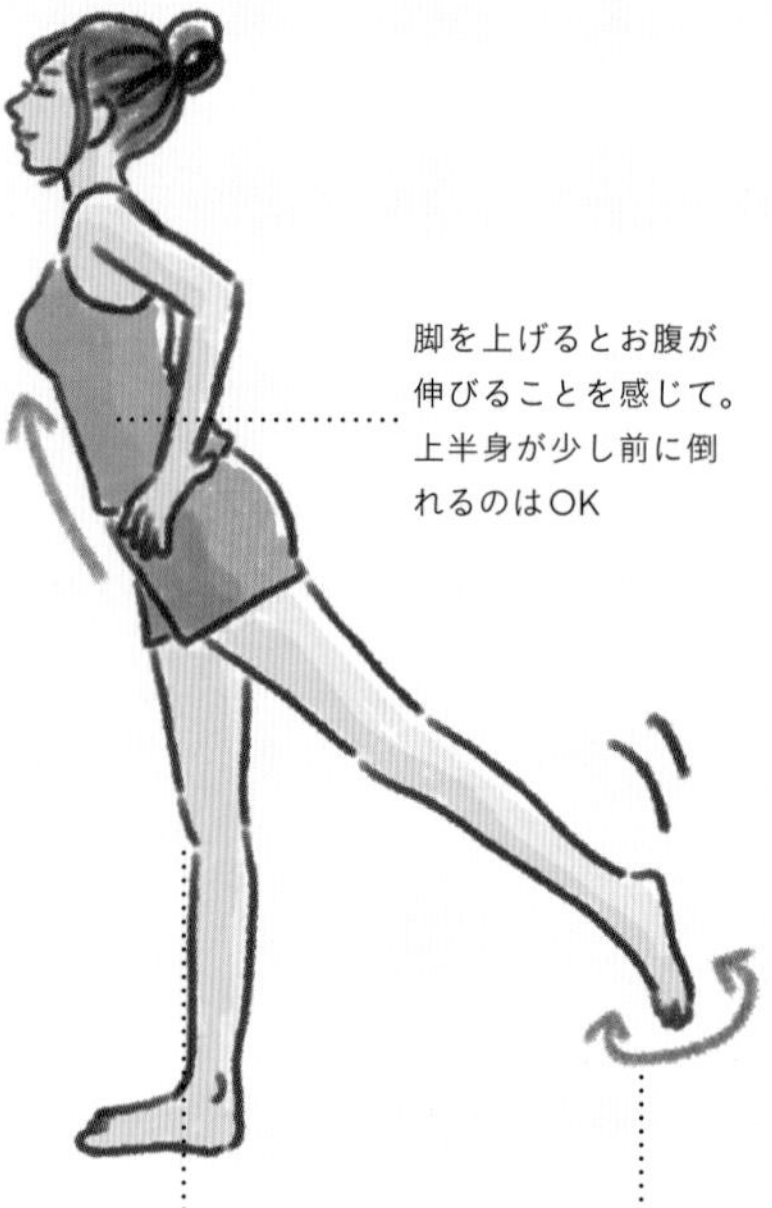

脚を上げるとお腹が伸びることを感じて。上半身が少し前に倒れるのはOK

軸足の膝はしっかり伸ばしたままキープ

後ろに上げる時、脚はまっすぐに

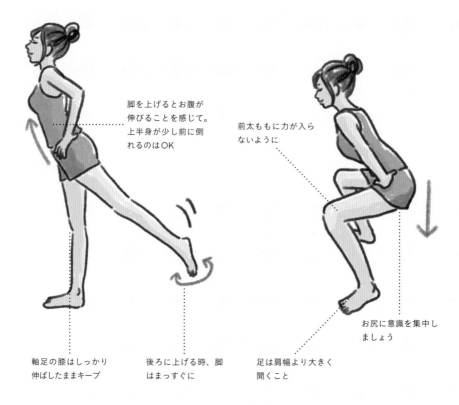

ヒップアップ

STEP 3

両手の指先、手のひらを使って太もものセルライトを潰しながら柔らかくし、下から上へ流します。

太ももはセルライトが溜まりやすいので要チェック
かかとを上げるとマッサージしやすくなります

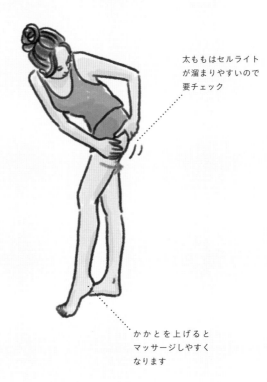

SPECIAL 3

STEP 1

椅子に座り、手を膝の上に置き、おへそを中心に上半身をひねりましょう。肩を内側に入れることでより太ももを伸ばすことができます。

目線は後ろへ向けましょう
上半身をひねる時は背中が丸くならないように
手のひらを使って脚を押し開きましょう

STEP 2

腰骨に手を当てて、ゆっくり片足を上げ下げします。その時、脚のつけ根から動かします。

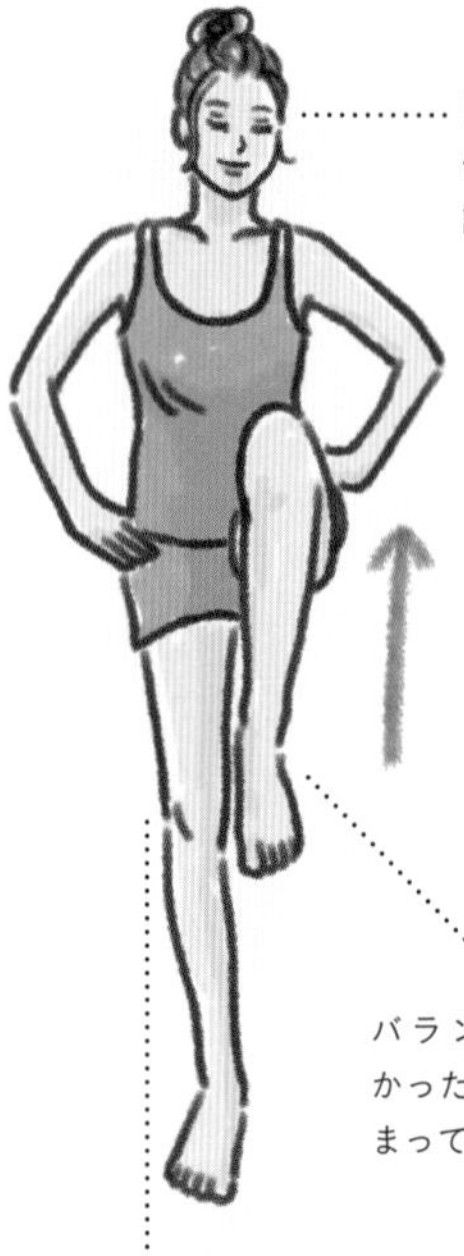
目を閉じながら行うと使っている筋肉を意識しやすくなります
バランスが取れなかったら何かにつかまってもOK
軸足は膝を曲げないように

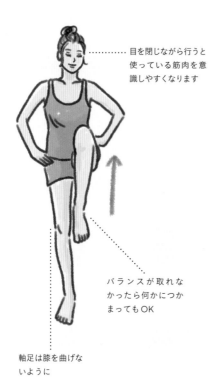

太ももやせ

STEP 3

雑巾を絞るようにして、太ももの内側の脂肪をつぶし、流します。

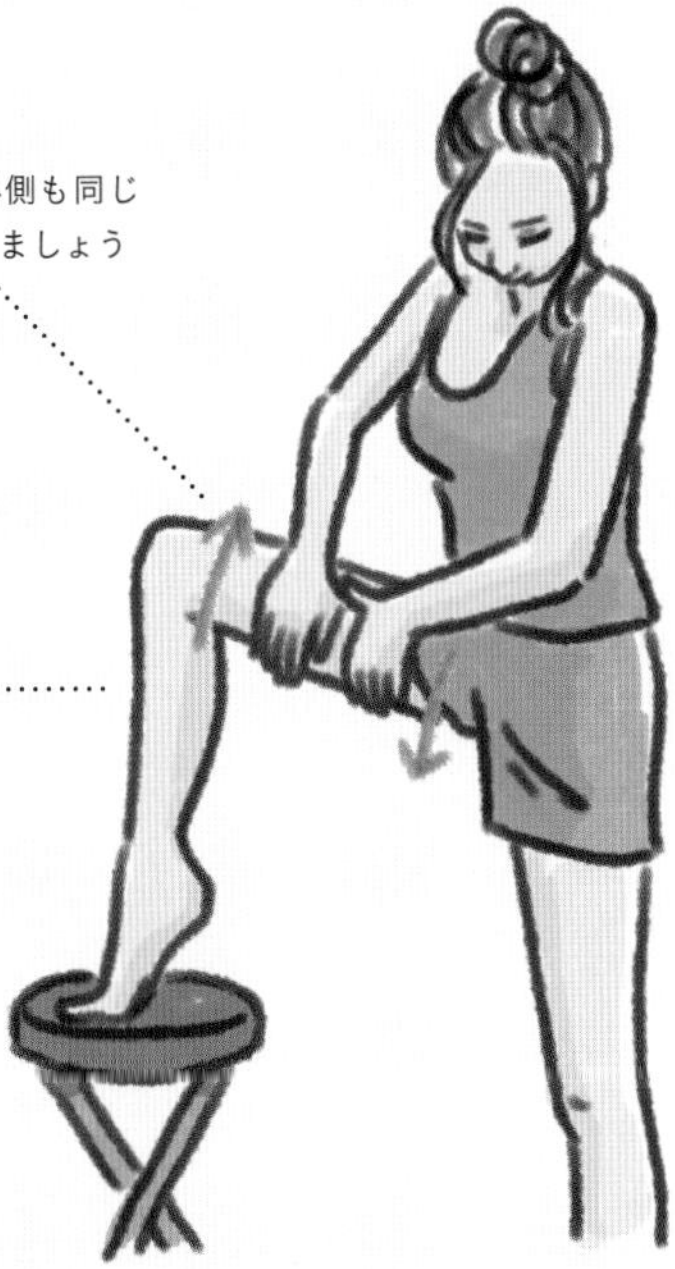
太ももの外側も同じようにやりましょう
最後に足首から脚のつけ根に向かってさすり上げましょう
ボディクリームやオイルを塗ると流しやすくなります

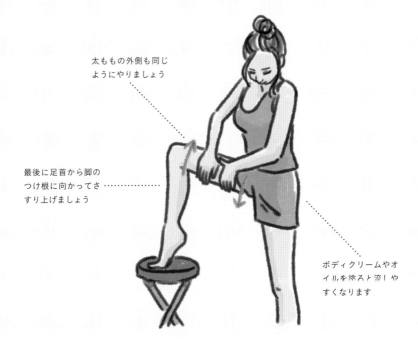

パーフェクトボディ作りに欠かせない
MY名品リスト

自分の身体の変化を
楽しめるようになったら
一生美BODYを
保ちましょう

脂肪たたきハンマー

私が監修の『脂肪たたきハンマーダイエット』(講談社) 付録品。このハンマーひとつでたたく・流す・押すができる。ほどよい重さでしっかり深部まで効かせます。身体はもちろん、小顔作りにも。

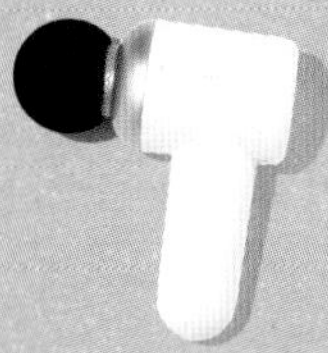

DOCTORAIR

リカバリーガン

振動が身体の隅々、さらに深い部分にまで効かせてくれるのでしっかりメンテナンスができます。アタッチメントを変えるとリンパにもアプローチできて、デトックス力もアップします。

IMPHY

フットローラー

足裏のケアで全身のめぐりをよくし、足裏に溜まった老廃物を一気に排泄できるフットローラー。足裏のアーチをよみがえらせることで、足の機能性がUP! コロコロ踏むだけで楽ちんです。

mysé

デュアルフォース

自分の手を使うとなかなか難しい揉み流しを、ガッツリしてくれるアイテム。角度調整できるのでつかんだ贅肉を逃さず揉み流してくれます。アタッチメントを変えれば、スキンケアもできる優れもの。

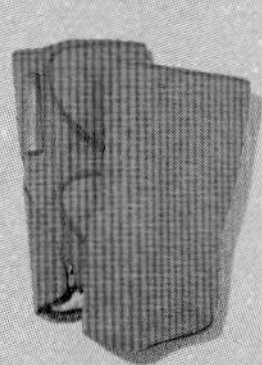

パナソニック

エアーマッサージャー レッグリフレ

頭寒足熱は健康と美容のキーワード! 足裏・ふくらはぎをしっかりケアできるコードレスマッサージャーは、"ながら"ケアができる、執筆中には欠かせないアイテム。

IMPHY

バックストレッチャー

おへその真下から背中全体を伸ばし、胸を開くことで美姿勢に! マスク生活で肋骨が開きがちになった現代人に必要なストレッチが簡単にできるのでおすすめです。

SOLIDEA

MEDIC NIGHT WELLNESS

その日のむくみやだるさは、その日に解消することで慢性化を防ぐことができます。人間工学に基づいた設計なので履いて寝るだけでむくみやだるさをしっかり解消。

AROMA PRO ORGANICS
×美CONSCIOUS

ボディオイル シェイピング（SH）

血液とリンパの流れを促し、老廃物・毒素を排泄しやすくするための最強の、久監修ブレンドオイルです。身体の中から美しくなることに特化したボディオイルで、欲しい！　を形にしました。

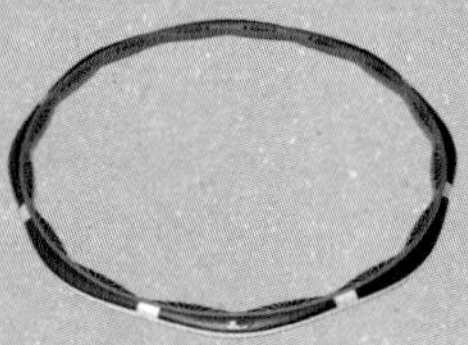

VHOOP

シェイプアップのために開発された、韓国発VHOOP!　内側の凸凹がお腹の筋肉や脂肪をダイレクトに刺激してくれます。毎日“～ながら”できる有酸素運動は全身にも効果的。

SOLIDEA

MEDIC SILVER WAVE LONG

履いて、普通に生活するだけでマッサージ効果があるレギンス。凸凹が肌に密着し、動くたびにマッサージ。履いているだけでデトックス力がアップするので究極の“ながらケア”です。

YA-MAN TOKYO JAPAN

キャビスパ360

筋肉へアプローチするEMSと、微細な超音波振動でお肉にアプローチしてくれるキャビテーションが同時にできる。全身使えるので湯船につかりながらハンドマッサージの前に毎日使っています。

DOCTORAIR

3Dコンディショニングボール スマート

手のひらサイズのヒーター＆振動のストレッチアイテム。温め＆振動で、疲れた筋肉や細かい関節をゆるめたり、マスク生活で呼吸が浅くなってからは、腕のつけ根のケアに毎日使っています。

Kiyoe

オリーブジュース100%オイル

サラッとした舌触りで甘みのあるオリーブオイル。サラダはもちろん、白湯に入れたり、白身魚にかけたり調味料としてもいただきます。私の場合、脚のスペシャルマッサージにも使用。

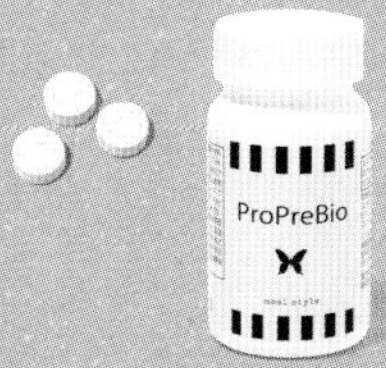

エル・エス コーポレーション

ProPreBio

乳酸菌生産物質や乳酸菌・ビフィズス菌・オリゴ糖などが入った、とにかく「腸」にいい、アンチエイジング効果のある食べるサプリ。腸内環境がよくなり、艶のある肌になります。

三基商事

ミキプルーン エキストラクト

気がつけば30年くらい私のそばにあるミキプルーン。白湯に入れて飲むのが毎朝のルーティン。プロテインやヨーグルトに混ぜるのはもちろん、料理の隠し味にもおすすめ！

PlusMi

和漢はと麦エキス

肌は最大の臓器！ 肌をよりよい状態に保つことで、肌だけではなく全体が健康になるのです。肌のターンオーバーの乱れを整え、体内の水分代謝を上げ、デトックス力を上げてくれます。

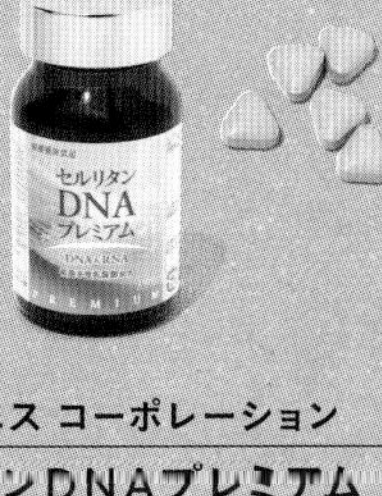

エル・エス コーポレーション

セルリタンDNAプレミアム

私が14年間欠かさずに愛飲している「核酸」。核酸とは、細胞の生まれ変わりに不可欠な栄養素。つまり新陳代謝をアップさせ、健康で美しい身体を維持するために必要な栄養素なのです。

The Magical Lymphatic Diet

Chapter

4

ダイエットに必要なのは日々の心がけ

いつまでも美しくいるための

6TIPS

TIPS 01

女性だからこそ、
見えないところに気を配る。
「足の裏」

6 TIPS TO STAY
A BEAUTIFUL WOMAN FOREVER

「足の裏」って、いつもなにかに包まれたり、閉じ込められているパーツですよね。

洗う時もさっさと洗っておしまいって方、足の裏がガサガサで変色している方、足の指が変形している方……誰にも見せないパーツだけど、きちんとケアしましょう！

だって女性なんだから。

それに「足の裏」は私たちの身体を支え、立ったり、歩いたり、バランスを取ったりと「働き者」なんです。

キレイに洗って、コリをほぐし、足裏・足指をマッサージし、クリームをたっぷり塗り保湿して、「ありがとう！」を伝えましょう。

TIPS 02

女性だからこそ、見えないところに気を配る。「お尻」

6 TIPS TO STAY
A BEAUTIFUL WOMAN FOREVER

「お尻」は老化だけじゃなく生活習慣で形が変わるんです。

デスクワークで座りっぱなしは絶対ＮＧ！

なぜなら血液の循環が悪くなり、冷えて、セルライトができてしまうという悪循環を引き起こしてしまうからです。

お尻は、内側から外側、下から上にと、しっかりケアしてあげることが大切なのです。そして、ケアする時には保湿をしてあげること。水分と油分を交互に塗り、タッピングするようにマッサージすると丸く、マシュマロのような柔らかいヒップになります。

手は年齢が出るパーツ
手入れをすればしただけ応えてくれる

ハイヒールは美しい女性を育て
若さと美しさを保ってくれる

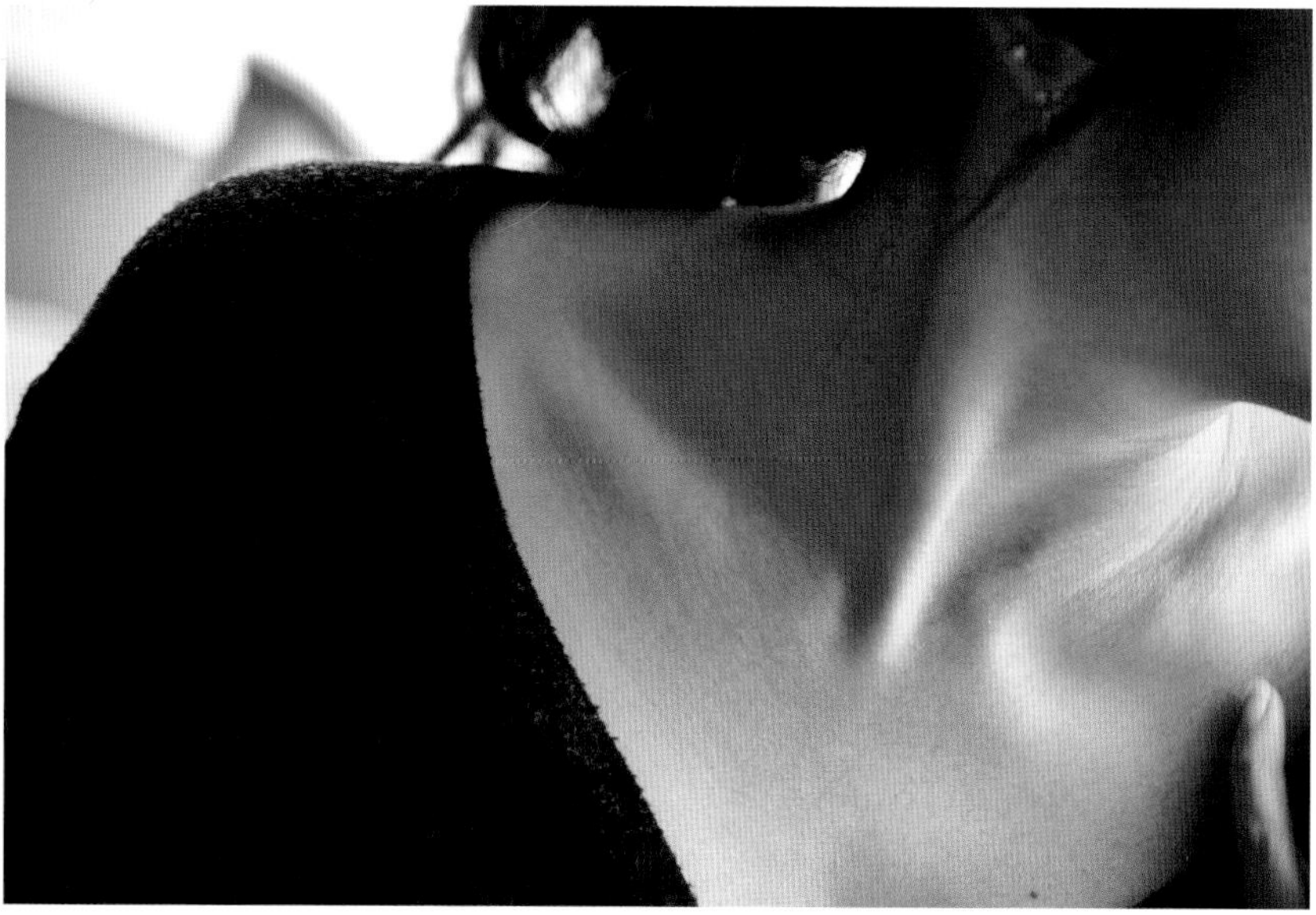

鎖骨は最高のジュエリー
鎖骨がキレイなだけでとても女性らしく、
セクシーに

TIPS 03

冷えの原因は
思わぬところに……。

6 TIPS TO STAY
A BEAUTIFUL WOMAN FOREVER

お風呂上がり、バスマットで足の裏の水分をとっておしまい！　ではなく、**足の指と指の間**をしっかり拭いて下さい。

なんと、足の指と指の間に水分が残っていると細菌が繁殖するだけでなく、身体を芯から冷やしてしまうのです。

ですから、必ず足の指と指の間の水分は拭き取ってあげましょう。


そしてもうひとつ。**足の裏**はこまめに保湿しましょう。

保湿をすることでターンオーバーが促進され、ガサガサがなくなり、足裏がキレイになります。

クリームを塗る時はかかと↓足の裏↓足の指と指の間の順に塗り、最後に足全体を手で包み込み、つま先からかかとにかけてゆっくり動かしながら塗り込みましょう。

TIPS 04

未病ケアこそ今しなきゃいけないセルフケア法。

6 TIPS TO STAY A BEAUTIFUL WOMAN FOREVER

なんとなく身体がだるい、肩コリがつらい、食欲がない、など病院に行くほどではないけれど体調がすぐれない……

それを**「未病」**といいます。

病院に行っても診断がつかず「ストレスが原因」「精神的なもの」としてビタミン剤などを処方されたことはないですか？

それも「未病」です。

まずは自分の身体の状態を毎日チェックする習慣つけること。

そして不調があれば自分の身体の声を聞き、セルフケアをしましょう。

兎にも角にもまずは**「足裏」**から。

足裏を刺激して血流をよくしましょう！

そうすることで身体の抵抗力や免疫力が徐々にアップし、不調になりにくい身体を作ることができます。

TIPS 05

小顔になれないあなたへ。

6 TIPS TO STAY
A BEAUTIFUL WOMAN FOREVER

お風呂上がりに、**髪の毛**をきちんと乾かしていますか？　乾かさないと顔がむくみ、大きくなるのです。

なぜなら、濡れた髪の毛を通して、頭皮や首・肩が冷え、コリを誘発させてしまうからです。


首がこると血流が悪くなり、リンパの流れも悪くなります。

すると顔に老廃物が溜まり、水分が抜けず、顔が大きくなってしまいます。


特にフェイスラインがむくんでいる人は、後頭部から下の部分がきちんと乾かせていない可能性が大。

髪の毛を乾かす時には、後頭部より下の部分、つまり頭の後ろ側の地肌をしっかり乾かしましょう。

特に耳の後ろ側は、乾かしムラができやすいので、指で頭皮をなでながらていねいに乾かしてあげましょう。

地肌をしっかり乾かしてあげることで小顔になるだけではなく、髪質も変わります。

TIPS 06

いつでも脱げるカラダでいる。

6 TIPS TO STAY
A BEAUTIFUL WOMAN FOREVER

いつでも脱げるカラダでいたい！
そう思って毎日**ボディケア**は欠かさず行っています。

今から驚くようなプロポーションを作るということではなく、身体の中からキレイにするため、血液やリンパの流れを整え、めぐりのいい身体をキープするためのボディケアです。

毎日のケアで全身のバランスが整えば、スタイルもほどよく整います。まずは、毎日自分の身体に触れる時間を持つという習慣をつけることが大切です。

身体の声を聞き、身体が喜ぶことをすることで、身体はどんどん変わってきます。身体が変わってきたことが分かると、少しずつ自分に自信が持てるようになるのです。

おわりに

みなさん、最後まで読んでくださり、ありがとうございます。

この本は私にとって15冊目の本になります。

私がダイエットに成功し、セラピストになるために学び、各分野での専門家・恩師のおかげで独自のメソッドを確立し、サロンを開業して今にいたるまでに26年の月日が経ちました。

本の出版をはじめ、講演会やセミナーで独自のメソッドを紹介する機会が増え、私のセルフケアメソッドはより進化しました。

でも、その原点にあるのは身体の内側からキレイにすることです。

私が毎日行っているセルフケアは、血液&リンパの流れを促進し、体内のデトックスをするという方法。20年以上欠かさず行っているこのセルフケアに「断食 ファスティング」＝内臓のリセットを行なったところ、46歳にして史上最強のボディに！

気になっていたお腹や太ももが引き締まり、ボディラインが整い、肌の質感も柔らかく、もちもちになりました。それだけではなく、バストやヒップなど残したいパーツはきっちり残すことができたのです。

この効果を身近で見ていた私のお客様は、何をしたのか興味津々。

さまざまな方向から検証・研究をし、新たなメソッドとして加わりました。

今回のように自分の実体験、そして自分の身体で幾度となく実験し、得た効果が自らの成功例となり、自身のメソッドにプラスされ、私のセルフケアメソッドは進化してきたのだと実感しました。

これからも、みなさんが健康で美しくなれるためのセルフケアメソッドを紹介していけるように精進いたします。

最後になりましたが、より深く細胞レベルでの身体のケアで心身ともに健康で美しくいられるためのたくさんの知恵・知識をくださった先生方、そして本書の制作に関わってくださったスタッフのみなさま、私の活動を応援し、見守ってくださるみなさま、私の大切な仲間や家族・亡き最愛の父に深く感謝いたします。

久優子

STAFF

撮影　吉岡真理
ヘアメイク　菅長ふみ（Lila）
モデル　久 優子
イラスト　和田海苔子
デザイン　大久保有彩

久 優子 ひさし・ゆうこ　YUKO HISASHI

1974年生まれ。脚のパーツモデルを経て、ホリスティック医学の第一人者である帯津良一医師に師事。予防医学健康美協会・日本リンパセラピスト協会・日本痩身医学協会で認定を受け講師として活動。その後もさまざまな分野で独自の研究を重ね、現在のボディメンテナンスメソッドを確立。マイナス15kgのダイエットに成功した経験を生かし、「足首」のケアをもとに「足首の関節を柔らかくすることから身体を整える」美メソッドを考案。サロンは開業当初から完全紹介制。美脚作りはもちろん、身体のバランスを整える駆け込みサロンとして有名人のファンも多い。日本未病プラン協会では、「未病」をテーマに健康管理の基礎知識やセルフケアなどのセミナー講師として活動。著書に『1日3分！足首まわしで下半身がみるみるヤセる』（PHP研究所）、『脚からみるみるやせる2週間レシピ』『押したら、ヤセた。』（共に宝島社）『下半身からみるみるやせるおうちダイエットBOOK』『脂肪たたきハンマーダイエット』（共に講談社）ほか多数。

ホームページ　http://yhbody.com
※セミナー情報は「日本未病プラン協会」の
ホームページ（https://www.jmpa.life）内にあります

5日間で一生太らない体をつくる！
魔法のリンパダイエット

2021年1月23日　第1刷発行

著者　久 優子
発行人　蓮見清一
発行所　株式会社宝島社
〒102-8388
東京都千代田区一番町25番地
電話　営業：03-3234-4621
　　　編集：03-3239-0926
https://tkj.jp
印刷・製本　日経印刷株式会社

 ISBN978-4-299-01272-2